大量生産品のデザイン論

経済と文化を分けない思考

佐藤 卓

Satoh Taku

PHP新書

目次

5　デザインの解剖

ザッピング 真壁智治

1 「大量生産品」をデザインするということ

「大量生産品」の影響力

一九八四年にグラフィックデザイナーとして独立して以来、すでに三〇年余り。この間には、じつに多くのデザインに携わってきました。商品のパッケージデザイン、企業や施設のCIやVI、立体のプロダクトデザイン、空間デザイン、またデザインをテーマにしたテレビ番組の企画・制作にも携わるなど、じつにさまざまなことをやってきました。それらのなかで、スーパーマーケットやコンビニエンスストアに置かれている、ごくありふれた商品、いわゆる「大量生産品」のデザインは、私にとって、とても大きな比重を占めています。

具体的な仕事量というだけではなく、それらの商品を製造・販売している企業とのお付き合いの長さや深さ、そもそもデザインとは何かを考える、思考の源泉にもなっているという意味での比重です。私がパッケージデザインをした大量生産品のなかには、すでに無くなってしまった商品、パッケージがリニューアルされた商品も少なくありません。ですが、いずれも比較的長期間にわたって市場のなかで生き続けているもの、クライアントとのお付き合いが続いているケースが多い。それは、一度生み出された商品はそこからずっと変わらないということはなく、長く携わりながら育てているからです。

大量生産品のデザインはそれ単体としての「デザイン」の存在だけでは機能しない（評価し得ない）。販売チャネル、幾多の売り場を経由して、そこに陳列されてこそ機能する（評価される）ことになる。「売り場」という運動態のなかに大量生産品のデザインがあることを、初めて自覚的に方法化したのが佐藤卓ではなかったか。

※「挿入言（ザッピング）」については二三六～二三九頁、参照。

私は、商品は生き物だと考えています。生み出すお手伝いをしている以上、パッケージのデザインをしたからお終いというわけではなく、五年、一〇年と付き合いながら育てていく。さらにはデザインしたパッケージの行く末、つまり、すぐにゴミになって捨てられてしまうのか、再利用されるのかといったことも考え、なんらかの形でかかわっていく必要があると思っています。

ただ、既存のパッケージデザインには、そのように長期的な視点で考えられているものは、さほど多くはないと感じています。新発売の際、その時に流行しているイメージを取り入れていたり、商品のパッケージをリニューアルするといえば、一からすべて変えてしまったり。そこからは今後一〇年、二〇年と、商品を長く育てていこうという姿勢は感じられません。では、なぜそうなってしまうのか。その一因には、これまで大量生産品のパッケージデザインが、「デザイン」という視点から議論されてこなかったことがあると思います。

これは私が直接聞いた話ではありませんが、かつて田中一光さんが、日本に次々とチェーン店タイプのスーパーマーケットが増えていった時期、「スーパーマーケットの存在が、私たちの身近なデザインをダメにしている」と嘆いていたというのです。おっしゃる意図は想像できます。確かに、私が初めて大量生産品のデザインに携わることを意識した時には、スーパーやコンビニ、キオスクといった、生活に密着した商品を扱う店は、その空間も雑然とし、陳列されている商品のパッケージも、およそデザインされているとは思えませんでした。そもそも、そこに積極的に携わってきたデザイナーはほとんどいません。私の先輩にあたる方々のなかでは、松永真さんはこうした課題に向き合ってきたデザイナー

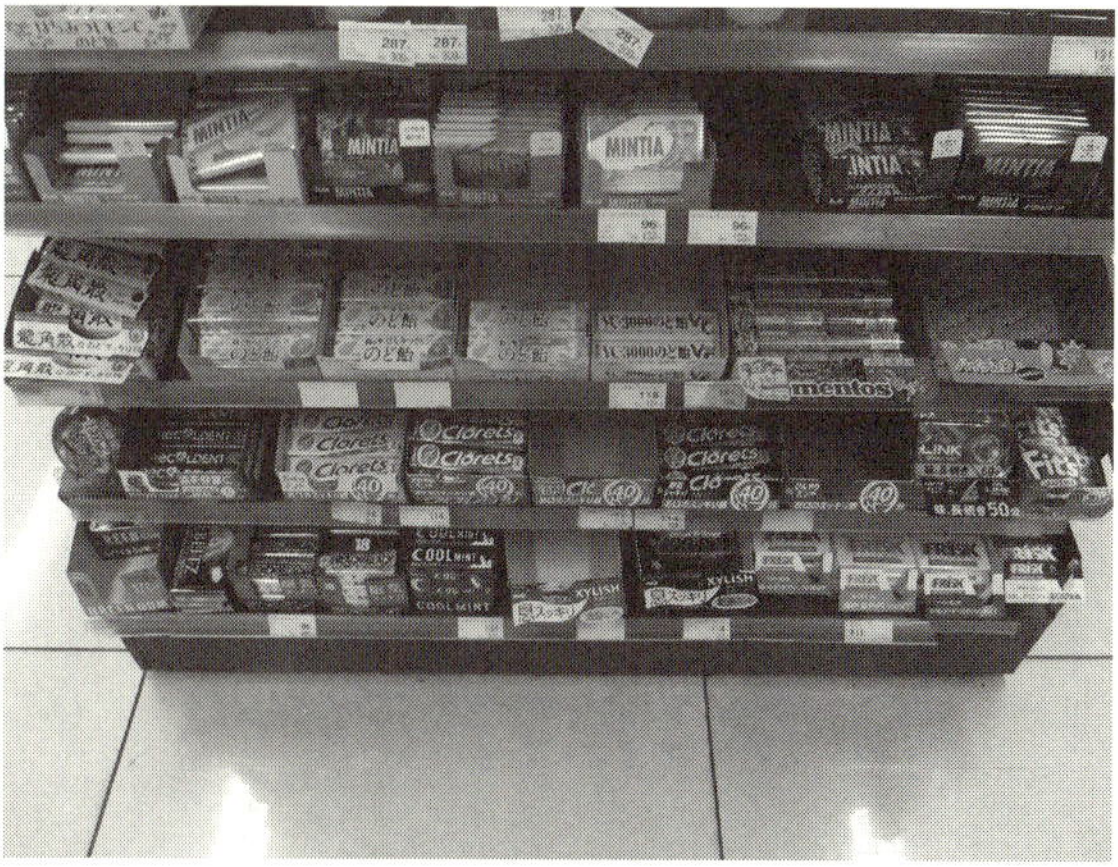

コンビニの売り場風景
(Photo：Tomoharu Makabe)

の一人だと思いますが、他にはあまり思い至りません。

佐藤は、従来デザインとは無縁と思われてきた「大量生産品」に真っ正面から対峙し、そこにデザインという概念と方法を与えている。パッケージデザインという分野においては、これを専門とするデザイナーがいるはずだが、歴史を振り返ってみても、グラフィックデザイナーとして多彩な仕事をしてきた者の多くはこれまで、大量生産品の「デザイン」を、むしろタブー視していたのではなかったか。それらはまともに議論するにあたわない、猥雑なものであると見做してきたのではないだろうか。ところが現実は異なる。私たちはどんなに著名なデザイナーが手がけたグラフィックやプロダクトよりもずっと身近に大量生産品を感じ、日々それらを使い、暮らしている。つまり、デザイナーがそれら大量生産品から目を逸らすことは、暮らしそのものから目を逸らすことと同義とも言えよう。

商品とは、売れなければ意味がないものです。パッケージデザインは、いわば売るためのデザインともいえます。パッケージを変えたために売れなくなったという事態があったのでは、話になりません。しかも、デザイン的に優れている商品が売れるかというと、そうではないという現実もあります。すると「デザイナーがかかわると、きれいなものをつくるけれど売れないじゃないか」というようなことも言われてしまう。ここには本能に基づいた、極めて即物的な世界がある。とくに食にかかわるデザインの場合、端正な美しさと、唾液につながる「シズル感」をいかに表現するかというせめぎ合いがあり、そこにどう折り合いをつけていくのかはなかなか困難です。そういった分野に対し、美しいヴィジュアルを目指すデザイナーが二の足を踏んでしまう気持ちは理解できます。

さらに扱う商品は一日に何百万個とつくられることもあるほどに「大量」です。そこには、資源の問題、製造コストの問題、流通の問題、廃棄の問題など、社会的な問題も存在し、密接に結びついている。多種多様な事情が絡み合っており、デザイナーがかかわったからといって、目立った成果を上げることが難しい世界でもあります。

ただし本当は、パッケージデザインの良し悪しだけで商品を売ることはできないのです。つまり商品にはもともと価値があって、その価値や魅力がきちんと表現されているデザインであれば、自ずと売れるはずです。私はこの意味で「デザインが商品のリトマス試験紙になる」とさえ、考えています。

「デザインが商品のリトマス試験紙」という佐藤の指摘は、商品のもつ価値や資源などを最適にデザインが表現しきれているかを合理的に検査する、つまり「商品」という溶液に投与する「デザイン」の試験紙を浸けてみて、その化学反応を客観化させることを示している。デザインがリトマス試験紙であると規定することは、デザイン開発に参加する多くの人がその「デザイン」が最適であることの判断指標を共通に持つことができることが必要条件となる。したがって、大量生産品のデザインには、いかにこのデザインの最適化を合意し、方法的に共有するかが、生命線になるのであろう。

佐藤の大量生産品のデザインからパッケージデザインの課題与件となるものを見ることができる。

・「価値《バリュー》」を伝える
・「印象《インプレッション》」を現す
・「知覚《シズル感》」を誘う

この三点がデザインの最適化を生む判断指標となるものになっている。

「印象」はパッケージにデザインされたスガタに由来するものと考えられる。

「知覚」は唾液から無意に誘導される。

私自身は、良くも悪くも社会的な課題と密接に結びつき、しかも大きな影響力をもつ大量生産品のパッケージデザインは非常にやりがいのある仕事だと感じました。「商品とは何か？」といった命題に直面し、そのことを悶々と考えながらも「これは面白い仕事だぞ」とも思ってきました。考えれば考えるほど課題は尽きない。つまりそれは、私たちの生活のすべて、暮らしそのものを考えることと同じだからです。

ロッテ クールミントガム……財産を活かすデザイン

一九九三年にロッテのクールミントガムのリニューアルに携わることになった時、まず、頭のなかに日本地図が思い浮かびました。チューインガムは、全国のコンビニやスーパー、駅の売店、町のタバコ屋さんにも置かれるほどポピュラーな商品です。毎日ものすごい量がつくられて、日本全国津々浦々、国内に毛細血管のように張り巡らされた流通網に乗って、その隅々にまでわたっていく……。そんなヴィジュアル・イメージが頭の中に浮かびました。一つひとつは小さいけれど、これはものすごい力をもつ商品だと思いました。

大量生産品が大量消費を生むためには、購買機会につながる膨大な「売り場」のネットワークのなかに入り込む必要があった。大量生産品のデザインはそれを支える営業力と共にあるのがわかる。

チューインガムのパッケージ・リニューアル時に考えたポイントはいくつかありますが、まず考えなければいけないと思ったのは、商品が置かれる空間についてです。当時、全国各地に急増していたコンビニエンスストアで販売されることを、意識しないわけにはいきませんでした。もちろん私自身もよく利用していましたが、その頃のコンビニに感じていたことは、店舗内が雑然として、あまり美環境としてよろしくないな、ということです。

現在のコンビニ店内は、インテリアも商品の配置も非常に洗練されていますが、当時は今と違い、壁にたくさん貼り紙がしてあったり、天井から商品広告がぶら下がっていたり、とても雑然としていました。しかも蛍光灯が何本も張り巡らされて煌々と明るいため、店舗の欠点までも、すべてがあらわになっているように感じました。その明るい空間にはほとんど陰がありません。昔のお菓子屋さんのように、ちょっと薄暗い場所もなければ、そういうお店にあった情緒的なものは一切排されて、非常に即物的な空間です。そこでは、置かれている商品もある意味で記号化していました。

商品の陳列スペースも非常にシステマティックに決められているため、チューインガムを置くための数センチのスペースを確保するために、各社しのぎを削っているわけです。急激に店舗数を増やしているコンビニ・チェーンで一つの商品が扱われなくなったら、それだけでメーカーにとっては大打撃になるからです。

そういう状況の店舗で、いかにお客さんの目に留まり、手に取ってもらえるのか。しかもクールミントガムの場合はリニューアルです。今までごく当たり前に購入していた人が、リニューアル後も当たり前のように買ってくれて、なおかつ、新しいお客さんを獲得しなければ、リニューアルする意味はありません。

では、コンビニを利用するお客さんはそこでどのように、記号化された商品を認識するのでしょうか。まずはそれを知る必要があります。ただこう言うと、あたかも人間の行動科学を調査したかのようですが、自分自身を冷静に分析してみれば普遍的なことはわかります。コンビニに入って行って、ガムを探す。やってみればわかることですが、商品に目を留める時間は一秒にも満たない、ごく一瞬です。一瞬でパッと目に留めて手に取る。みんなが同じとは言いませんが、だいたい平均的なことは、自分自身の自然な行動からわかります。ではその時にどんなパッケージであれば、ロッテのクールミントガムだと認識して選んでもらえるのか。

一つ、検討項目として挙げられるのは色です。従来のパッケージは暗く、くすんだ色合いでしたが、とくにコンビニでの販売を重視するのであれば、これほど明るい空間のなかにあっては沈んでしまって目に入りにくい。もう少し明度・彩度を考える必要があるだろう、と思いました。

パッケージデザインはコンビニでの「デザイン生態学」のフィールドにあると、佐藤は自覚する。つまり、パッケージデザインは「環境」（コンビニ）の中で活かされるものだ、ということ。

そして、本題であるパッケージのデザインをどうするのか。従来のパッケージには、一つの面に、小さな額縁に入ったようなイラストと「COOL MINT」という、三日月型の「C」に、「O」を二つ重ねるという印象的なロゴを中心に、社名としての「LOTTE」、商品の内容を示す「CHEWING GUM」という文字が入っていました。これらはクールミントガムとして初めて発売された一九六〇年から、当時ですでに三〇年以上、消費者に親しまれてきたデザインです。このパッケージが好きだからクールミントガムを買っているというお客さんがいてもおかしくはない。だからといって、単に色だけ明るくして、これをそのまま残したのではリニューアルする意味はありません。では、このなかの何を活かして、どこを新しくするのか。これは難問でした。

この時に一つ気がついたのは、クールミントガムの正面性についてです。従来のパッケージでは、天面と側面にほとんど同じ要素が入っていました。これは発売当初はパッケージされている枚数が少なかったため、商品の正面と言えるのは、ガムの幅にあたる天面だけだったことに由来しています。その後、ガムの枚数が増えて九枚入りになったため、ガムの幅と九枚分の高さがほとんど同じくらいの、正四角柱のような形になっていました。で

ロッテ クールミントガム 旧デザイン（上）

ロッテ クールミントガム 決定デザイン（下）

すが当時は、天面のデザインをほぼそのまま側面に流用していたのです。これでは、一つの面にたくさんの情報が入り過ぎていて、店頭という、とにかく情報量の多い場所に投入されると迷彩のようになり、見えづらくなってしまいます。パッケージからできるだけ情報を減らすことも必要でした。

そう思ってパッケージをよくよく眺めていると、この天面と側面のデザインがほとんど同じくらい、視界に入ってくることに気づきました。つまりクールミントガムの正面は、天面と側面の二面、斜めから見た角度だったのです。このことに気がつくと、俄然自由になりました。今までの二倍の広さでデザインを考えればいいからです。まず、一つの面にロゴとパッケージとして必要な情報を入れる。そしてもう一つの面には、私には、クールミントガムへの愛着を育むポイントだと感じられた、小さな額縁の中に描かれた、南極の夜空を見上げているペンギンを入れよう、と考えました。

佐藤は改めて、商品の「印象《インプレッション》」をデザインするうえで、視覚心理や視覚認知の方法化へ向かう。

さらに、このことはかつて書いた本のタイトルにもして詳しく書きましたが（『クジラは潮を吹いていた。』ＤＮＰアートコミュニケーションズ、二〇〇六年）、小さな額縁の中の絵にはペンギン以外にクジラも描かれており、そのクジラは潮を高く吹き上げていました。しかもよく見ると、二股に分かれたその潮は両方とも右側に流れています。左側から強い風が吹いているのか、それともクジラが勢いよく右側から泳いできたのか……。そんな些細なことですが、長くクールミントガムを愛してきたお客さんの中には、この潮の秘密を知っている人がいるかもしれない。潮が右にたなびいていることこそ、クールミントガムへの愛着を形成しているかもしれない。そんな風に考えたことから、私はいろいろと検討して、最終的にパッケージの側面に五体のペンギンを並べ、その二番目のペンギンにだけ、そっと手を挙げてもらうことにしたのです。何気なく見ている時には気がつかないかもしれない。けれど、クジラの潮吹きに注目していたような人ならば、このペンギンの動作に気づき、そこに新たな物語を見出してくれるかもしれないと思ったからです。このようにして、クールミントガムのリニューアルしたパッケージは完成しました。

ファンの「許容値」を探る

クールミントガムのパッケージ・リニューアルについてざっと振り返りましたが、お気づきの通り、私がここで行ったことは、従来のパッケージの中にあったデザインの要素を「再配置しただけ」なのです。もちろん、丁寧につくっています。ロゴもそのままではなく、文字はすべてつくり変えています。ですが、今までのデザインの中にあった「財産」はすべて残す。何よりこれはリニューアルなので、今までのクールミントガムのファンを手放すわけにはいきません。今までのファンというのは、まさにメーカーにとっての財産です。そんなファンにどれくらいの変化までは許容してもらえるか。それと同時に、新しくなったことへの嬉しさや楽しさを感じてもらえるか。その許容値を探ることが、リニューアルにとっては大切なことなのです。

パッケージ・リニューアルに求められるデザイン命題は何をどこまで変えて良いのか、何をどのように新しく加えるのか、何を最低限残さないといけないのか、何を欠くとそれらしくならないのかへの観相が前提となる。それは消費者の内にある当該のパッケージに対する印象や記憶、あるいは体験、学習などで形成されたイメージ像と向き合うことを示す。

クールミントガムをリニューアルした際には、あわせてグリーンガム、スペアミントなど、当時発売されていた板ガムのラインナップも同様のコンセプトでデザインをリニューアルしました。そのうちいくつかは、比較的早く販売されなくなってしまったのですが、クールミントガムはその後もパッケージの色やロゴの色を少しずつ変えるなど、小さなリニューアルをしてきました。

またこの間、一九九七年に新商品として発売された「キシリトールガム」のパッケージデザインにも携わります。「キシリトール」とは白樺の樹液などから採れる虫歯にならない甘味料で、以前から知られてはいたのですが、この頃ようやく厚生省（現・厚生労働省）から食品への使用が認可され、発売されることになったのです。ロッテはこれより二〇年も前に「キシリトール」という原料に注目し、このネーミングを登録商標にしていたため、そのまま商品名として利用することができました。

ロッテ グリーンガム（上）

ロッテ ミントブルーガム（下）

キシリトールの特徴は、なんといっても「歯に良い」ということにあります。そこでこの時は、歯磨き粉や歯ブラシといった、デンタル用品のイメージからデザインを構成することをすぐに思いつきました。そこからは「デンタル」というイメージがガムという食品になじむような調整を行っていけばよいわけです。そしてシンボルマークになったのは奥歯を真上から見たところ。そのシンボルマークは、コンビニの陳列棚のように横に置かれても、駅のキオスクで縦に差し込まれるように置かれても同じマークだとわかるように設計しました。

商品の持続可能化を支える骨格づくりのデザイン開発の視点が大量生産品のデザインにはまず必要不可欠になる。流行に依ったり、目立つことだけを優先するデザインでは商品の持続可能化を支えるパッケージの骨格には不適。それは時間に耐えきれない。

このキシリトールガムは現在も続けていて、今年（二〇一七年）で二〇年になりました。ただ、クールミントガムについては、リニューアルから二一年たった二〇一四年に新しい

ロッテ キシリトールガム

デザインに変わっています。それは私のデザインではありません。ですが、商品にはリニューアルが必要な時期がやってくるのです。かつては私が、クールミントガムの歴史に途中から参加して、この二〇年余り、未来との間をつないだ。五体並んだペンギンたちには、私自身愛着がありましたから、彼らに会えなくなることには少し寂しい気持ちがありますが、無事に未来へと橋渡しができたことで、むしろホッとしています。

明治おいしい牛乳……「そのまま」のおいしさを伝えるデザイン

「明治おいしい牛乳」は、二〇〇二年に全国発売（二〇〇一年三月から東北地区でテスト販売）されてから二〇一七年で丸一五年たった商品です。私がこのパッケージデザインのお話をいただいたのは二〇〇〇年だったと思いますが、明治乳業株式会社（現・株式会社明治）では、一九八九年から「絞りたての生乳のおいしさ」が感じられる、おいしい牛乳をつくるための開発が進められていました。それが、いよいよ製品化のメドが立ったという時にお声がけをいただき、パッケージデザインに携わることになったわけです。

当時の明治乳業は、社名に「乳業」と銘打つ会社であったにもかかわらず、スーパーやコンビニで、明治の牛乳だとすぐにわかるような形では販売されていませんでした。明治の牛乳は主に宅配で各家庭に届けられるか、あとは業務用として販売されていたものが多かったからです。ですが長年研究を続けてきた、最終的に「ナチュラルテイスト製法」と名付けられた画期的な製法を完成させて、牛乳では初めて特許を取ることができたことから、新たに牛乳市場に打って出ることになったのです。そうして誕生したのが「明治おいしい牛乳」です。

差別化しうる製法による「商品」を大量生産品として販売してゆくためのデザイン開発が佐藤に求められた。しかも、その商品を基幹商財にしてゆかなければならない。後発商品のデザインはどのようにして生まれたのか。

私が参加した時には、まだこのネーミングは決定していませんでした。ただ、すでに三案まで絞られていて、そのなかの一つに「おいしい牛乳」という名前がありました。ネーミングが三案に絞られた経緯については、明治乳業の担当者から詳しく話を聞きましたし、それ以上に、ナチュラルテイスト製法がどんな製法であるのか、その開発がいかに困難なものだったのか、さらに、現在の牛乳市場がどういう状況なのかということに関しても、しっかりとレクチャーを受けたうえで、一緒にやりましょう、ということになったのです。

じつはネーミング候補として「おいしい牛乳」を含む三案を聞いた時には「困ったなぁ……」というのが第一印象でした。当時の私には、どれもピンとこなかったのです。しかし商品の名前というのは難しいもので、すでに登録商標がある場合には使えない、あるいは、登録している企業や人に使用料をお支払いして使わなければなりません。ですから、この三案に絞るまでにもずいぶんと時間がかかっているはずです。容易に代案を提示することなどできません。

ところが三つのネーミングでいろいろと試しているうちに、「おいしい牛乳」というネーミングがもっているポテンシャルが見え隠れし始めました。そもそもナチュラルテイスト製法の技術がなぜ生まれたのかといえば、絞りたての牛乳の味に近い商品をつくりたいということです。そこに懸ける技術者の想いが、その製法につながっているわけです。要するに、牛乳を可能な限り「そのまま」届けたい、この「そのまま」という言葉がキーワードなんだということが浮かび上がってきました。「そのまま」というのは、人の手が入っていない時に使う言葉です。そうだとすれば、デザインもあまり為されていない方がいいのではないか、いいえ、もちろんデザインは必要ですが、それが「デザインだ」と強く感じられない方がいい。するとネーミングもとくに凝ったものではなくて、ごくシンプルに「おいしい牛乳」と言ってしまう潔さが、とてもしっくりくるようになってきたのです。

ここにたどり着くまでには、本当にいろいろなデザインを、ものすごい量考えました。考えなければわからなかったのです。「キシリトール」の場合はパッと、「デンタル」というイメージが瞬時に思いついたのですが、そういうケースもあれば、とことんやっている間に、だんだんと見えてくるケースもある。牛乳の場合は後者でした。その間、明治乳業の担当の方々ともディスカッションして、お互いに感覚を共有していきました。さらにマーケティング調査にもかけて、本当にこれでいけるかどうかを判断するわけですが、「そのまま」というキーワードが誕生したことによって、みんなが共有できる「軸」ができたのです。この時に身を以て体験したのは「言語が明快になるとデザインも定まる」ということです。それは本当に面白い体験でした。

「デザイン」に向かうための共有できる言語化がポイントとなる。それは無味乾燥なコンセプトではなく、かかわる多くの人のイメージを触発するクリエイティブなコアになるものでなければならない。

デザインで情報をコントロールする

　こうして「明治おいしい牛乳」という名前に決定していったわけですが、デザインの本番はそこからです。ネーミングが決まってからも、本当にいろいろと考えました。おおむね現在のようなスタイルに決まりかけてきた最終段階、じつは、パッケージのメインカラーを、私は「赤」で考えていたのです。当時、牛乳のパッケージは白地に青か緑、オレンジというのもありましたが、だいたいは「爽やかさ」や「新鮮さ」をイメージさせる青系の色が主流でした。赤という色は、確かにその分量を多くするとちょっと暑苦しくて牛乳というイメージにはそぐわないかもしれませんが、白を基調に赤をうまく配置していけば、とても爽やかな印象になります。それに赤は明治のコーポレイトカラーでもあったので、最初は赤をアクセントにしたデザインを提案していたのです。

このことに関しては明治の方々も十分理解して、検討してくれました。ですが最終的に、やはり牛乳の冷たさや新鮮さを感じさせる「青」を使ったものも提案してほしいとの要望があがりました。ですから私も、それはもちろん問題ありません、やります、と。ただ「青」と一口に言ってもさまざまなバリエーションがありますから、競合他社とは違う青を使用しました。それで作ってみたら、青もすごくいいわけです。確かに爽やかですし、とくに競合他社とイメージが重なることもなさそうです。そもそも、この牛乳のキーワードが「そのまま」なのですから「素直に青にする」というのが、もっともすっきりと腑に落ちる感覚もありました。明治乳業の方も気に入ってくれて「これで行こう!」と決まりました。

ちなみに、細かいことですが、青に変更した際には、白い地色と青い色を敷いたその境界に細い線を入れました。この線を入れることで、丁寧につくられているという印象がグッと高まるのです。またこの細い線は、店頭に置かれた時に、遠くからは見えませんが、近

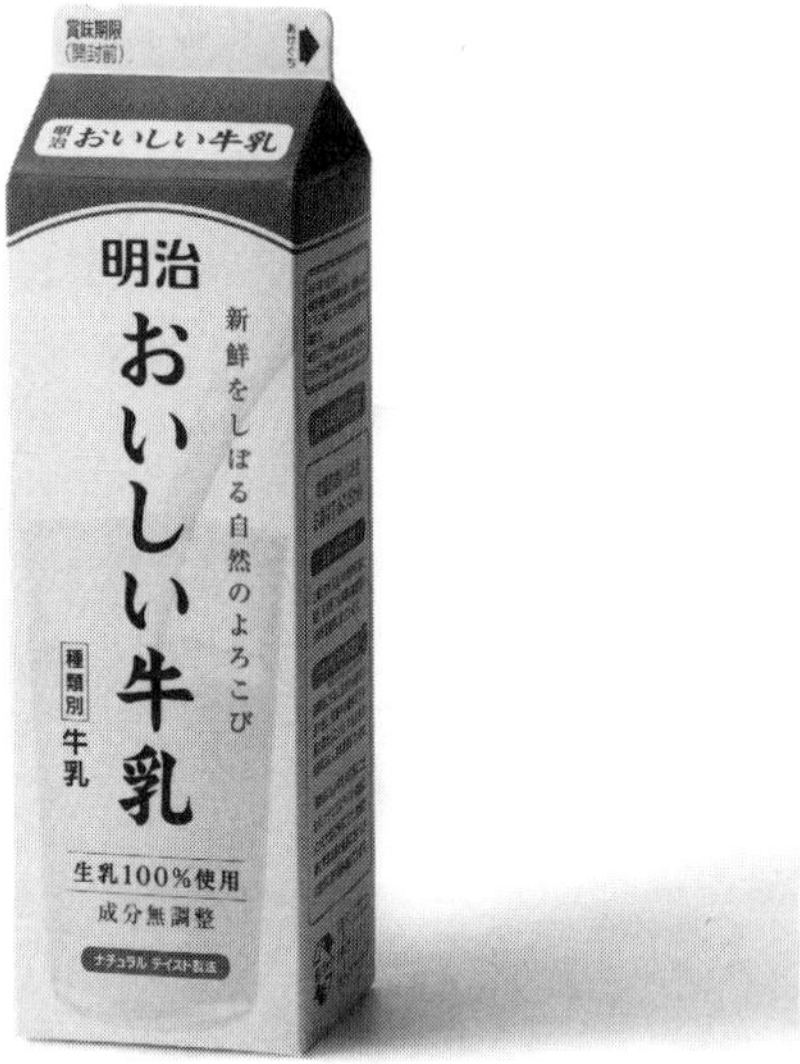
賞味期限
(開封前)
明治おいしい牛乳
明治
おいしい牛乳
新鮮をしぼる自然のよろこび
種類別
牛乳
生乳100%使用
成分無調整

明治おいしい牛乳

づくと見えてくる。つまり、距離によって情報が変化するのです。それは、パッケージの正面、「おいしい牛乳」というロゴのベースに、白い牛乳が注がれているグラスの写真が敷かれているヴィジュアルも同じです。遠くからは単に白い地色に見えますが、近づけばグラスがあることがわかる。いかにも新鮮で冷たそうな「シズル感」のある写真が見えてきます。つまり、五メートル離れている時には漠然と商品の骨格とカラーが見える。一メートルならディテールも見えてくる。そして手に取った時には細かい文字や細い線も見えてくるというわけです。このことに気がついた時には「なんて面白い世界なんだろう！」と、嬉しくなってしまいました。現在私は、パッケージデザインをする時にはこの三段階くらいの距離感を考えています。情報はどのレベルでも一様に読み取られるわけではない。そういうモノと人との距離によって届く情報が変化する、それをコントロールするのが、パッケージデザインなのです。

売り場でのパッケージデザインの距離に応じた「見え方」を設計することの面白さに出会うことになる。

二〇〇二年に全国発売された「明治おいしい牛乳」は、初年度で二二〇億円以上のセールスを実現するという、牛乳としては異例の大ヒットを飛ばしました。じつは「明治おいしい牛乳」は、競合他社に比べると価格が少し高めです。ですがそれはギリギリの適正価格だったのです。他社と安売り競争をしてしまうと、酪農という仕事を維持することができなくなる。明治乳業では、最初からそういう視点をもって商品開発に臨んでいました。パッケージデザインを始める際にも、きちんと適正価格で販売し続けることができるものにしたい、それだけの価値がある製法も完成させました、パッケージもそれなりの姿にして欲しいという課題を与えられていたのです。それが初年度で異例のヒットを生み、今でも価格は他社製品よりも少し高めであるにもかかわらず、牛乳のなかでは国内シェアトップを走り続けています。

ここでわかるのは、佐藤が単に製品のパッケージデザインをするデザイナーだけではなく、企業と共にドライブする「ものづくりのパートナー」という位置づけを構築しているということだ。それは従来グラフィックデザイナーには求められていなかった、新たな職能でもある。

スパイス＆ハーブ……楽しさをデザインする

遠くで見た時と、近づいて見た時の印象で言うと、エスビー食品株式会社の「SPICE&HERB」シリーズもわかりやすい例かもしれません。遠くから見ると、頭の丸い、カギ穴のような、前方後円墳のようなフォルムで、近づいてよく見れば、そのラベルにはスパイスの原料となる植物がボタニカルアートのように描かれている、というものです。

ちなみに、エスビーの「S&B」は、自社のホームページでも「SPICE」の「S」と「HERB」の「B」という表記で会社の特長を示していますが、もともとは創業時に商標としていた太陽を背にして飛ぶ鳥を図案化した「ヒドリ印」から、つまり「太陽＝SUN」と「鳥＝BIRD」から、きているそうです。ただ、いずれにしても創業以来、エスビー食品の主軸はスパイスとハーブで、日本に香辛料文化を広め、牽引してきた会社であることは間違いありません。私が携わったのは、そんなエスビー食品の中心的な商材を新展開させようというタイミングでした。

もともとエスビーには「SELECTED」という香辛料のシリーズがありました。その商品群を見直し、ラインナップも増やして「SPICE&HERB」シリーズとして展開していくということでした。ここにはやはり、さらに品質を向上させる、保存性を高める、分量を見直す、あるいは競合他社がオシャレなボトルの海外製品を店頭に並べるようになった、などといったリニューアルせざるを得ない理由がありました。ですが、この分野では長い歴史をもつ商品であり、ロッテのクールミントガムと同じように、すでに多くのファンがいます。それを、新しくするからといって何から何まで新しくしてしまうのは危険です。

「根のつながったデザイン」開発に向かうというプライオリティの高いデザイン課題を自覚している。

この時にもスーパーに行って、他社の製品がどんなデザイン、フォルムになっているのかを自分なりにリサーチしました。すると、ほとんどの商品が円筒形で、天面が平らになっていてスタッキングできるようになっています。店頭でも重ねて売られていましたし、それは、狭いキッチンで使う時には便利だし、機能的であることは間違いない。ただ、じつはエスビーの「SELECTED」シリーズも、キャップの頭に少し丸みのある、可愛らしい形をしていたのです。私は、じつはそれは財産なのではないかと思いました。世の中に、こういうキャップのスパイスがあってもいいのではないか。機能を重視した円筒形にするのは簡単なことです。しかし、そうすると他の商品に埋没してしまう。ですから、この丸みを引き継ぎながら、新しい「アイコン」、シリーズとしての「顔」にすればいいのではないかと考えました。カギ穴の形はとてもシンプルです。遠くから見てもすぐにそのフォルムがわかる。そして近づいて、手に取ってみると、スパイスの美味しそうな世界観を現したボタニカルアートが見えてきます。それがズラッと並んだら、まるでスパイスの図鑑のようにも見えてきます。

また当然、使い勝手をよくすることに関してもかなり検討しました。丸い頭、つまりキャップですが、ここには片手で開けやすいように爪がついています。遠くから見るとフォルムは同じですが、このキャップにはスクリュータイプと上にポンと弾くワンタッチタイプがあり、スクリュータイプには縦に、弾くタイプには帽子のツバのような横向きの爪がついています。その横向きの爪をそのまま単純に水平にしてしまうと指の当たりが悪いた

S&B スパイス&ハーブ

め、少し斜め上を向くようにしたのです。そう言うと「なんだ、それだけか」と思われそうですが、この少し上を向けるための金型のつくりが難しいのです。水平なら、金型を上下に抜くだけでいいのですが、小さい爪だけが上を向いているのでそういうわけにはいかない。そのために特別な金型をつくり、爪をちょっと上に向けた。すると指の当たりがまったく違うのです。

佐藤の当該のデザイン開発に対する問題の立て方がよくわかる事例の一つだろう。

「SPICE&HERB」では、その後の広告展開もすべて担当させていただきました。シリーズには一〇〇種類以上のアイテムがあるのですが、リニューアルする際、課題として掲げられていたことの一つには、日本人はあまりスパイスやハーブを使いこなせていない、ということがありました。本来であれば、自然素材ですし、少し使うだけで豊かな食の世界が広がるはずですが、その楽しさがあまり伝わっていない。そこでパッケージにしても、その後の広告展開にしても、パッと見て楽しい、揃えてみたい、というような感覚を喚起するものにしたいと考えていました。ボタニカルアートを用いて、スパイス＆ハーブ図鑑のようにしたのもその一つですが、丸い頭のようなカラフルなキャップ、そこにつけられた爪が、鼻やくちばしのように見えて、なんとなく可愛いキャラクターのようなイメージになるよう仕上げたのもその理由です。ですから後の広告展開では、目玉のシールもプレゼントしました。キャップに目玉をつけると、可愛らしいキャラクターのようになるわけです。

スパイスやハーブは、日本人の食生活においては、味噌や醤油のような必需品というより、ある種の嗜好品、淡々と過ぎて行く日常における、まさに「スパイス」となるものです。だからこそ、楽しさ、豊かさといった感覚に訴えかけるようなパッケージデザインが必要だと考えたのです。

ものづくりのパートナーとして、佐藤が加わることによって、企業がそれまで気づいていなかった、あまり意識していなかった製品の面白さや魅力が、ぐいぐい引き出されていることがわかる。そこから改めて魅力の共有化を行い、デザインという形で、その魅力をよりわかりやすく表現している。まさに共創・共育のデザインがそこにある。

「価値はすでにそこにある」

私がパッケージデザインに携わった三つのケースを紹介しましたが、いずれにしても、私がゼロからつくったものなど一つもありません。メーカー側のその商品に対する想い、それは開発の経緯であったり、商品の歴史であったり、担当者によっても異なることかもしれませんが、私が行っているのは、それら企業の「想い」をできるだけ丁寧にうかがって、それまでは漠然として形になっていなかったものを、デザインという形にして提案することです。

「デザイン」という営為はナニモノカを指し示すことにある。ナニモノカの過半は企業が、そして商品が固有に潜在させる「価値」にある。

ちなみに、私はデザインを提案する時には必ず、タイプの異なるいくつものデザインを提案します。自分がいいと思った一案だけに絞って提案することは決してありません。そうやって、メーカー側の考えと私が摑んだものとの間でお互いの認識を共有化していく。それがとても大切なことだと考えているからです。そうしていくなかで、私がまだ知らなかったメーカーや商品そのものの魅力を教えてもらえることもありますし、逆に、メーカー側にとっては当たり前すぎて、魅力だと認識していなかったことを私が発見することもあります。むしろその方が多いかもしれません。要するに、その商品の価値は、すでにそこに存在しているのです。私の役割は「見つけて」「引き出して」「つなぐ」こと。まだ誰も発見していなかった、そこに内在されている魅力を見つけて、引き出して、デザインのスキルでつないでいく。もっとはっきり言うならば、デザインは決して「付加価値」をつけるものではないのです。「価値はすでにそこにある」のですから、その価値をピックアップして生かすのがデザインであって、デザインによってそのものの価値を上げようなどとは思ってもいません。

「デザイン」の提案《プレゼンテーション》は、コミュニケーションを生む呼び水に過ぎない、と佐藤は考える。

数年前、自由が丘で食事をしてお酒を飲んでいる時に、たまたま隣の席にいた女性と話し始めたのですが、自然と、どんな仕事をしているのかといったことをお互いに話すことになり、私はデザインをやっていますよ、たとえば「明治おいしい牛乳」もデザインしたんですよ、と言ったら「えっ？　あの牛乳の？　あれのどこがデザインなんですか？」と言われました。私はその時「やった！」と思いました。普通は、そんなことを言われたら、デザイナーが怒り出すような場面です。ですが私は、デザインとはそうあるべきだと考えているので「気づかれていない！」と思ったら、本当に嬉しかった。なんとなく皆さんが「牛乳ってこんな感じだな」と思ってもらえるような、デザインとも思われないようなデザインになっていたと実感できたからです。

そもそも私は、デザインが消える瞬間をいつも探しているような気がします。試行錯誤して、いろいろ試している間に、フッとデザインが消え、商品そのものが立ち上がってくる瞬間がある。ラジオのダイヤルを少しずつ回して、雑音まじりだった音声にピタッとチューニングが合った時のような瞬間です。そこにこそ、パッケージデザインの醍醐味があるような気がしています。

「オーッ、ソウキタカ!?」

「消えるデザイン」が無名性のデザインの極みなのだ。

マーケティングをクリエイティブに読み解く

ところで、大量生産品のように全国に流通し、多くの方々にご利用いただく商品の場合には、必ずマーケティング調査が行われます。とくにパッケージのリニューアル時には、従来よりも売り上げが落ちてしまっては大変なので、より慎重に行われます。

ただそういう場合、必ず「今までの方が良かった」という意見が過半を占めます。ですがメーカーにとっては、定番となっている商品をどうしてもリニューアルしなければならないタイミングが必ずやってきます。それは、競合他社が売り上げを伸ばしたり、技術開発に伴い商品そのものが改善されたり、いろいろな理由でそれは必ずやってくる。ところがマーケティング調査をしてみると「変えない方がいい」という結果が出てしまう。今まで のファンはその商品に愛着をもっているわけですから、リニューアルに大賛成してくれるわけがないのです。ですが、どうしても新しくしなければならない。

私はこういった時、これまでの財産をうまく生かして、今までのファンがある程度は許容してくれれば、それは大成功だと考えています。最初は少し許せない部分があったとしても、これが一年、二年経つと、新しいデザインも見慣れてくる。したがってマーケティング調査の数字は、そういう時間軸も考えたうえで見る必要があります。クールミントガムのリニューアルを行った時に、ペンギンの一体に片手を挙げさせたのは、ファンが「許容」してくれるデザインでありたい、と考えたからです。

マーケティングデータを少し長い時間スパンで頭に入れて「デザイン」に向かう。これはクライアント企業とデザイン開発をするうえでの大原則となる必須な視点である。

また「SPICE&HERB」シリーズの時にも、かなりシビアにマーケティング調査は行われました。エスビー食品の中心的な商材ですから綿密な調査を行うのは当然です。ですからこの時は、私も実際に調査を行っている現場に行き、消費者代表の皆さんが、自分がつくったデザインに対してさまざまな意見をおっしゃっているのを聞きました。とはいえ、話し合いの場に直接参加するわけではありません。皆さんが自由に意見を交わしている部屋の隣に、その様子を拝見できる部屋があって、そこでメーカーの方々と一緒に意見を聞くわけです。

そこでは当然、いろいろなネガティブな意見も出ます。それらはもちろん、謙虚に受け止めるべき部分もあります。ですが、すべてを鵜呑みにするわけにはいきません。ネガティブな意見に関しては、なぜそういう意見が出るのか、私自身もデザインを進めるうえで十分に検討し、それをクリアできると考えてデザインをしていますので、その意見についてメーカーの方々に解説をして、ご理解をいただいた。「SPICE&HERB」シリーズでは、そういう工程を経なければ、このパッケージデザインは実現しなかったかもしれません。

ただ私はこれまでに、マーケティングの勉強をしたことはありません。そういう意味では、パッケージデザインの勉強も、ブランディングの勉強もしていないので、その「業界」でセオリーとされていることは何も知りません。ですから、その現場でよく考えて、さらに自分の身体を使って、店で商品を選ぶ時の心理、商品を覚える時の記憶がどうなっているのかをシミュレーションするわけです。それと同じように、マーケティング調査の結果に関しても、どういう考え方をもつ人が、どういう気持ちからこの意見を言っているのかということについて、クライアントとコミュニケーションをとりながら、これまでの自分の経験や体験のなかから想像力を駆使して分析していくしかありません。

それを間違ったやり方だとは思っていません。マーケティング調査の結果を受けて、それをどのように判断するのかは、やはり人と人とのコミュニケーションのなかから生まれてくるものだからです。大切なのは、一見無機的に見える数字の羅列にも、それぞれの人の想いや意見が含まれていることを忘れないことです。そのうえで数字をどのように読み解くことができるのか。私はそれもクリエイターの仕事だと考えています。とかくデザイナーやクリエイターは、マーケティングに否定的な感情を抱きがちです。マーケティングの数字が表面的に示しているのは多数決の結果であって、本当に良いものと悪いものを判断しているわけではないと感じるからです。しかしその数字をこそ、クリエイティブな目で分析し、判断しなければならないと思います。

無名性のデザインこそは、マーケティングデータをクリエイティブな目で吟味することが強く求められる。無名性のデザインについては、のちに詳しく述べる。 ※二一八頁〜、参照。

ただし、マーケティング調査をかける際にもっとも危険なのは、闇雲に調査をかけてしまうことです。ある商品の、その開発に携わっているコアなメンバーが、どの辺りで行けそうかという「読み」を、ある程度絞り込んでから調査にかけるべきです。すると、それに対してどのようなネガティブな側面があるのか、どういうことをすれば課題をクリアできるかが明確になります。そういった絞り込みがないと数字だけが意味をもってしまう。クリエイティブな力が、コミュニケーションのなかに入り込む余地がないのです。

やはりコミュニケーションが生まれる場をつくることがとても重要です。私は、デザインを提案する時には、必ずいくつか考え方の違うものを出します。もちろんそのなかには、私自身が一番良いと思っているものと、それほどでもないものはあります。ただしなぜこういうデザインが生まれたのか、それぞれについてできるだけ丁寧にご説明し、そのうえで先方の意見をうかがう。私がどれを「イチ押し」しているのかは基本的にはお伝えしません。ですから当然、私が一番いいと思っていたものを先方が選ぶとは限らないわけですが、だからこそ議論が生まれます。お互いの相違点や対立点などを明確にしなければ、より良いものになっていかないからです。

デザインを巡る議論《コミュニケーション》の質を高めるうえからも複数のデザイン提案は不可欠であり、より効果的、戦略的に行うことが望まれる。つくりたいデザイン、押したいデザインを提案するだけでは、議論は生まれない。議論を高める相対的なデザイン提案は欠かせないところだ。

パッケージデザインにしても、企業のＣＩやＶＩをつくるにしても、それはデザイナーの作品ではなく、企業の作品です。デザイナーの仕事は、彼らがもっているポテンシャルをいかに引き出すことができるのか、まだ見えていないものを抽出して、見える化をしていくことにあります。そのためには、企業サイドがどういう歴史をもっていて、そこで働いている人たち――営業もいれば、商品開発、研究開発、工場で製造にあたる人まで、さまざまな立場の人たちがいますが――の意見や考え方を十分に把握しておかなければならない。ですから、私はマーケティング調査の結果にも非常に興味があります。もちろん、単に数字が多いものを選択するのは愚かなことです。ただし、どういう人がどういう意見を言っているのかということは、デザイナーもきちんと把握していないといけない。そのマーケティングデータをどのように読み解くかが肝心なのです。

デザイン提案の中にはマーケティングデータを読み解いて表現した咀嚼型デザイン案も複数入れ込んでおく。これはある意味で、先方にとってもわかりやすい合理的なデザインにはなるが、しかし、新たな発見は少ない。ここからが本当のデザインを巡る議論になるのである。

これまで示されてきた佐藤の大量生産品のデザイン開発プロセスを整理してみよう。

以下に、佐藤が実践してきた大量生産品のデザイン開発プロセスモデルを私の類推からの参照として示しておく。

デザイン依頼の後《のち》、先方への入念なヒアリングや自主調査を佐藤は自覚的に行ってきている（ステージ1）。自らを空っぽにしておくためにも、こうした事前学習は必要だった。新規・リニューアルを問わず、デザインの要請そのものが極めて曖昧で抽象的な場合もあるし、依頼の背景に潜む事情や課題もデザイン開発には必要な情報になるからだ。この段階で、先方からマーケティングデータやユーザー・ヒアリングデータなどが示されることもある。さらには、事業計画や販売計画までも共有化されるケースもあっただろう。

しかし、それらを全く鵜呑みにするのではなく、一層問題の核心を把握するために、佐藤自身による購買動機のシミュレーションや競合商品・売場の観察、そしてマーケティングデータなどを自身の眼で確認しようとしてきた。

次に、これらの作業を経て、デザイン開発のためのデザイン与件の抽出・整理が佐藤主導で行われ、双方にこのデザイン与件が共有化される（ステージ2）。これはデザイン開発のためのコンセプトの骨格を描くものになり、向うべき方向が一定示されることになる。ステージ1とステージ2とは絶えず往来が必要となる。ここで「言語化」が獲得されると、以後のデザイン開発の道筋が力強いものになる、と佐藤は言う。

ここからいよいよ、デザイン与件を基に、デザイン提案《プレゼンテーション》①が図られる。デザインが闇雲に描かれるのではなく、デザイン与件から誘導されるデザインが複数提案されることになる。その中には佐藤の「イチ押し」デザインも紛れているだろうし、当然、ここにはマーケティングデータを読み込んだデザイン案も含まれることになる。

デザイン提案①による複数案のデザインが佐藤により丁寧に解説され、ディスカッションが誘導される。

このステージでのコミュニケーションがデザイン開発の中で最大の分水嶺だと、私は受けとめている。

このデザイン提案①の按配が無名性のデザインを生む「共創・共育」への作業のためのキイポイントとなるものなのである。こうして、デザイン開発への関心が全体として次第に高まってゆく裡、ディスカッションを経て、再度その方向を絞り込んだ形で、佐藤よりデザイン提案②が示される（ステージ4）。ステージ3とステージ4は地続きにある。デザイン提案②では、よりディスカッションの往来が活発に図られなければならない。

このステージで、先方に潜む「価値」がデザイン提案②を介して再発見されることもディスカッションに期待された。

ディスカッションを通して、デザイン開発の最終方向の確認とデザイン提案②への理解がより深まってゆく。そこからさらに、デザインの最適化へのディスカッションが進むにつれ、このステージを通して、依頼側に当事者意識がより醸成されてゆくようになる。

デザイン提案②が幾度もディスカッションされ、最終デザインに近いものが双方で共有《イメージ》化される。

いずれにしても、ここまでの佐藤の手間は半端ではないことが分かる。

そして、大量生産品のデザインという慎重さから必要に応じ、モニタリングやテスト・マーケティングなどの手順を踏んで、デザインのフィニッシュ・ワークが施されて、市場に導入されることになる（ステージ5）。ここでも十全にデザイナーのデザインスキルが発揮されて、仕上げられる。

こうした大量生産品のデザイン開発のプロセスを担保にして、依頼側との「共創・共育」の無名性のデザインが可能になったのであった。

この基盤があってこそ、佐藤が関与するパッケージデザインが自身の作品ではなく、企業の作品である、とすることに一層のリアリティが感じられるのではないか。

これこそが「大量生産品のデザイン論」の大地となるべきものだと考えられるからである。

こうしたプロジェクトには多くの立場（専門性）の人たちの参画が必至となり、先方との「共創・共育」のデザイン開発を進めてゆくうえでは、「今、どこに在るのか」の客観的な進行管理の共有が強く求められるところだ。

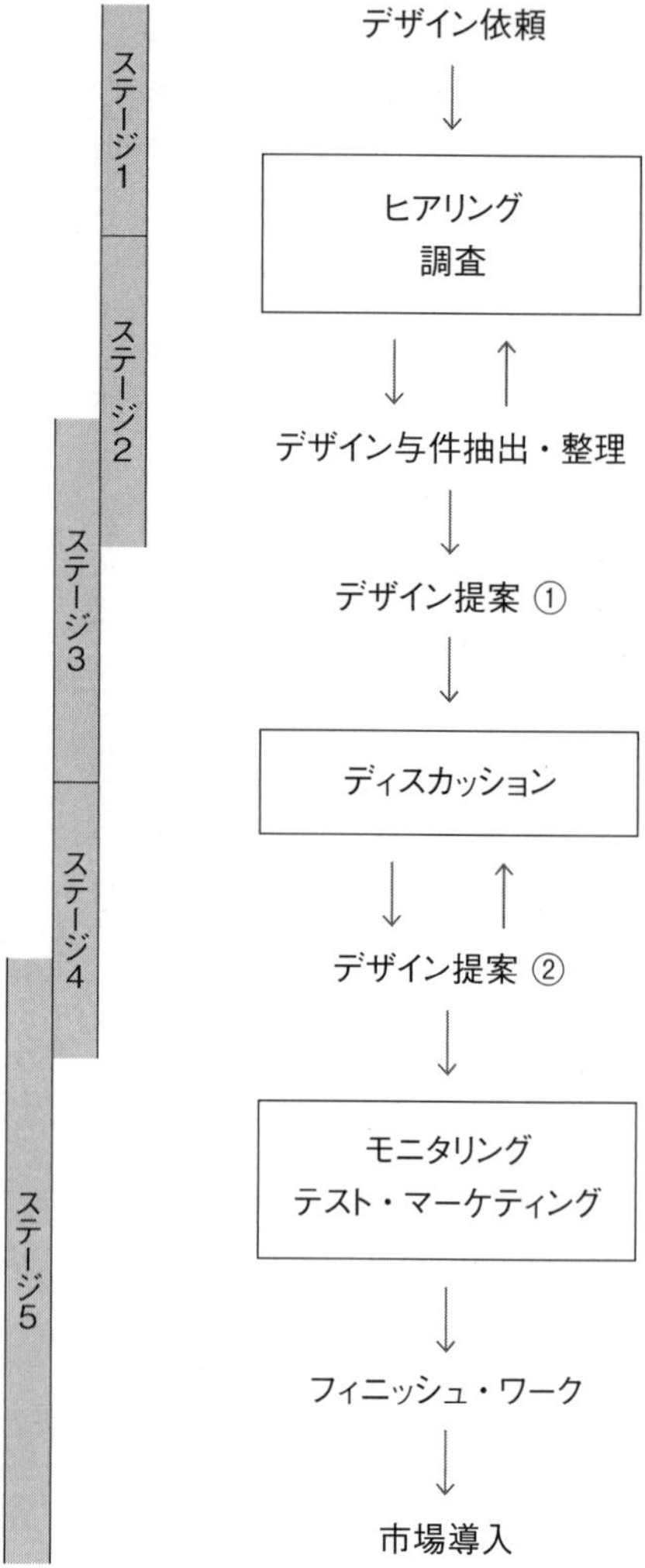
ステージ1
ステージ2
ステージ3
ステージ4
ステージ5
デザイン依頼
ヒアリング
調査
デザイン与件抽出・整理
デザイン提案 ①
ディスカッション
デザイン提案 ②
モニタリング
テスト・マーケティング
フィニッシュ・ワーク
市場導入

場のマネージメントに最大注意を払う佐藤にあっては、デザイン開発のフロー、ともいうべきこのロードマップは重要な意味を持ってくるものなのであった。

2　アイデンティティを共に構築する……VI、CI

外部のデザイナーとして参加する意味

施設や企業のＶＩ（ヴィジュアル・アイデンティティ）、あるいは企業のシンボルマークを含めたＣＩ（コーポレイト・アイデンティティ）のお手伝いをすることがあります。ＶＩとＣＩでは、それぞれ意味が異なります。ＶＩはその名の通り、ヴィジュアルを基軸にアイデンティティをつくることです。ＣＩは、企業の理念を可視化し、内外で共有することです。たとえば事業がさらに拡大したり、新たに海外に進出したり、事業形態が変わっていく時など、その企業理念の再確認と再構築が必要になる場合に、そのことをヴィジュアライズする意味で新たにＣＩをつくる、あるいは既存のものを変更することになります。

ＶＩあるいはＣＩを実行したいということで、仕事に携わらせていただくことになった時、私が心がけているのは、とにかくそのクライアントである企業や施設に対して、できるだけ予備知識をもたないことです。とくに下調べをしない状態で最初の打ち合わせに参加します。さらに大切にしていることは、この時、自分自身がそのクライアントについて知っていること、知らないこと、漠然としたイメージなどをできるだけ正確にスキャンしておくことです。できるだけニュートラルな状態に自分をキープしておく。なぜなら、これからコミュニケーションしようとしている企業が、社会一般からはどのように見えているのか、一生活者としての感覚をしっかり把握しておきたいからです。そうしないと、その企業を見極める時の視点が、社会一般の認識とはズレてしまうのです。もちろん、すでに存在する会社と新しくできる会社では、対応が異なることは言うまでもありませんが。

じつは、社内の人間というのは、自分の会社のことをよく知っているようでいて、それが外の人間にはどのように見えているのかがわからない。場合によっては、外の人間がその企業の魅力だと認識していることに気づいていないということもあるわけです。だからこそ、私が外部の人間として参加する意味がある。ただし、VI、CIをデザインするためには当然、その企業のことをよく知ることが必要です。打ち合わせをし、インタビューをして、リサーチがスタートしていく。するとどうしても、私の意識もだんだんと内部の人間に近づいていきます。せっかく外部の人間としてかかわっているにもかかわらず、その意味を失ってしまいかねない。そうならないために、最初の段階でどのように感じていたかを最後までしっかりと把握しておく必要があるのです。

外部のデザイナーだからこそ、よく見えるクライアントの事情、価値、課題がある。事実「デザイン開発の最大の敵は社内にあり」ともいわれてきた。外部のデザイナーの参加は、成果をあげるためには入用なのだ。

このことは、じつは商品パッケージのデザインでもまったく同じです。そもそも商品パッケージは企業のＶＩであるともいえます。人によっては、ある一つの商品がその企業のイメージを決定づけていることは少なくないからです。

私がこのことを意識したのは、独立後初めて、ニッカウヰスキーの「ピュアモルト」を商品化した時です。これがなかなかいい成績を収め、ニッカウヰスキーの「新しい顔」として社会から認識されるようになった。これによって、ニッカウヰスキーの既存の商品の売り上げにもつながったという数字を見た時に、「ピュアモルト」が一つの企業のイメージを変えた、新しいアイデンティティを構築し始めたんだなと気づきました。そのことで

「商品」というものがもつ意味、そのパッケージが果たす役割を実感として知ることができたのです。

しかもそうだとするならば、商品の広告、ポスターやコマーシャルも本来、一番外側にある表皮のようなＶＩであり、ＣＩであるといえるでしょう。したがって広告媒体の一つひとつも当然、企業理念につながっていなければならない。しかし実際には広告の仕事の多くはコンペティション形式でヴィジュアルやコスト重視で決定されるため、なかなかそこまで企業とコミュニケーションをとることはできません。その仕組みやプロセスにおいて、表層的なものにならざるを得ない状況がある。これは今後、考えていかなければならない課題だと思います。

商品パッケージが企業の表現へまで一貫してイメージを確かなものとして伝えうる「統合《インテグレート》デザイン」の在り方が問われている。商品パッケージと商品広告（ポスター、コマーシャル）が別の論理で動いていては統合にはならない。あくまでも肝心なのは「商品」なのであり、商品に魅力がなくては「統合デザイン」もないが、ここは、商品パッケージが企業表現つまり、広告をコントロールし、VI、CIまでをも視界に置くデザイン開発を念頭に入れて切り拓いてゆくのが原則《セオリー》なのではないか。その最高の統合デザインモデルの先行事例が「アップル」に見ることができる。

コミュニケーションできるVI……金沢21世紀美術館

「金沢21世紀美術館」（開館／二〇〇四年）のＶＩ制作についてお話をいただいたのは、建築の設計が決定した段階。土地はまだ更地でした。依頼を受けた時には現地にも行き、「この場所にこういう建築がつくられます」ということで、図面を見せてもらいました。すでに皆さんご存じの通り、円形の建物で、そのなかに展示室がレイアウトされている。この図面を見た時に、とてもグラフィカルな建築だなと思いました。しかも「ここにすでに、シンボルマークがある」と、すぐに思いました。

ただしこの時も、一案しか出さないということはあり得ません。いろいろな考え方でデザインしたＶＩの案をいくつもつくりました。そのなかの一つに、現在シンボルマークとして用いられている、建築の平面図をそのままシンボライズした案も入れた、ということです。

金沢21世紀美術館の設計において、SANAA妹島和世と西沢立衛が試みたのは「新しい抽象化」だった。それを最も表出しているのが、その平面計画であり、「空間図式」となるものだった。佐藤はそのことを誰に知らされることもなく、図案として掴んだ。結果、この美術館への入館者は、そのシンボルマークによって建築のプランを認識し、自然と、的確に、ナビゲートされるのだ。ここに佐藤の慧眼がある。また、建築にはルイス・I・カーンが提唱した「マスター・スペース（建築の主空間）」と「サーバント・スペース（主空間に仕える空間）」という概念がある。妹島和世は、ここでは、この二つの空間のバリアーとボーダーを取り払うことも意識的に行っており、このことを「シームレス」というキーワードで説明している。そして、佐藤が生み出したVIは、線で構成されていることによって、このシームレスな感覚をも見事に表現している。

まさに、価値はデザインによって与えるものではなく、すでにそこにある、ということ

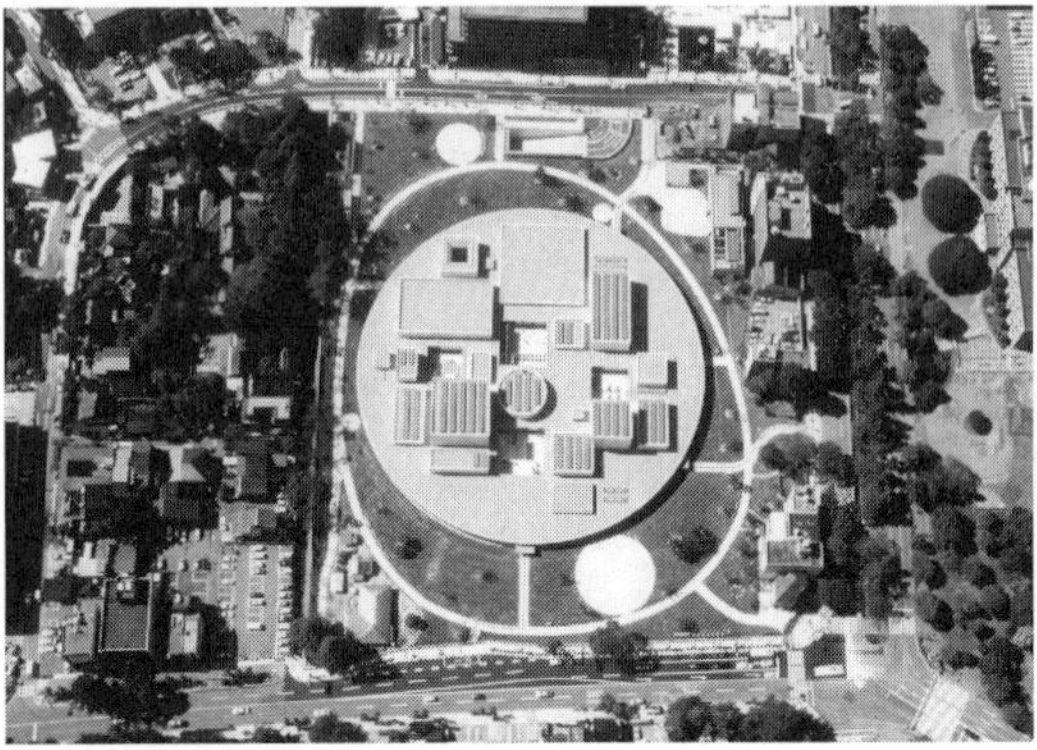

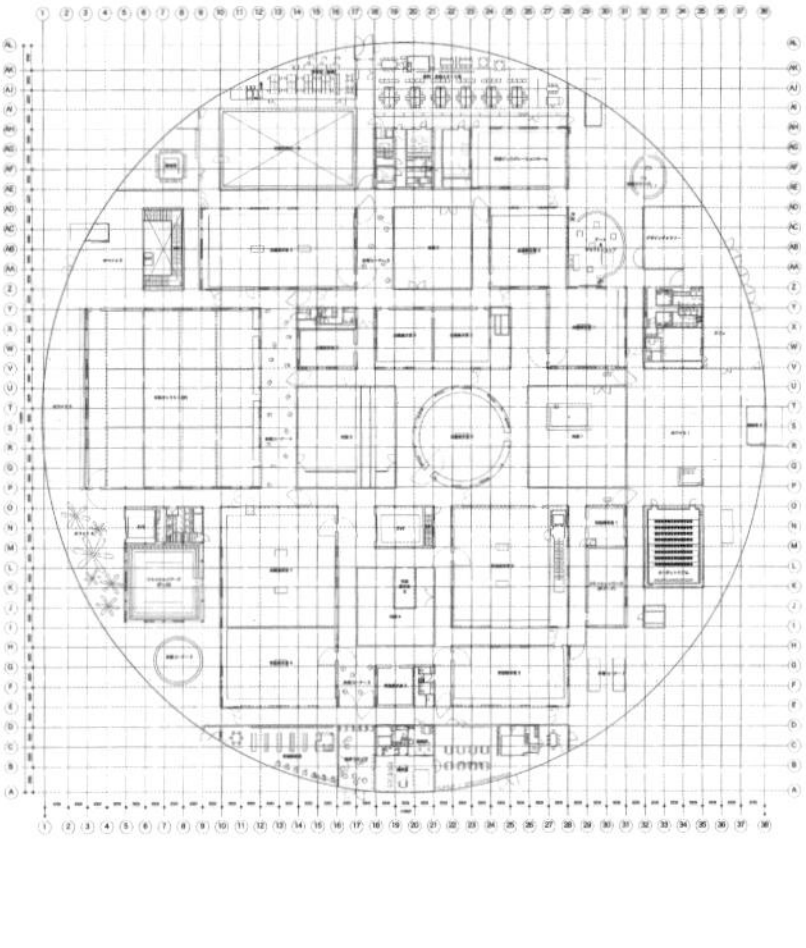

04 平面図(1,2F) S=1/500

金沢21世紀美術館 俯瞰全景 2004年開館当時（上）

金沢21世紀美術館 平面図（下）

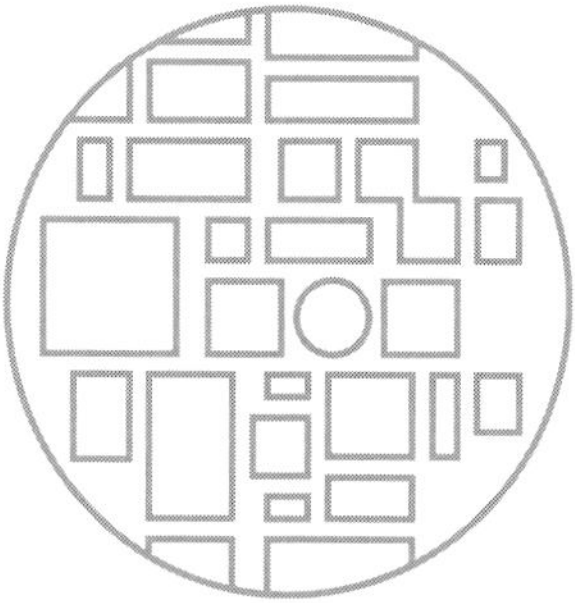

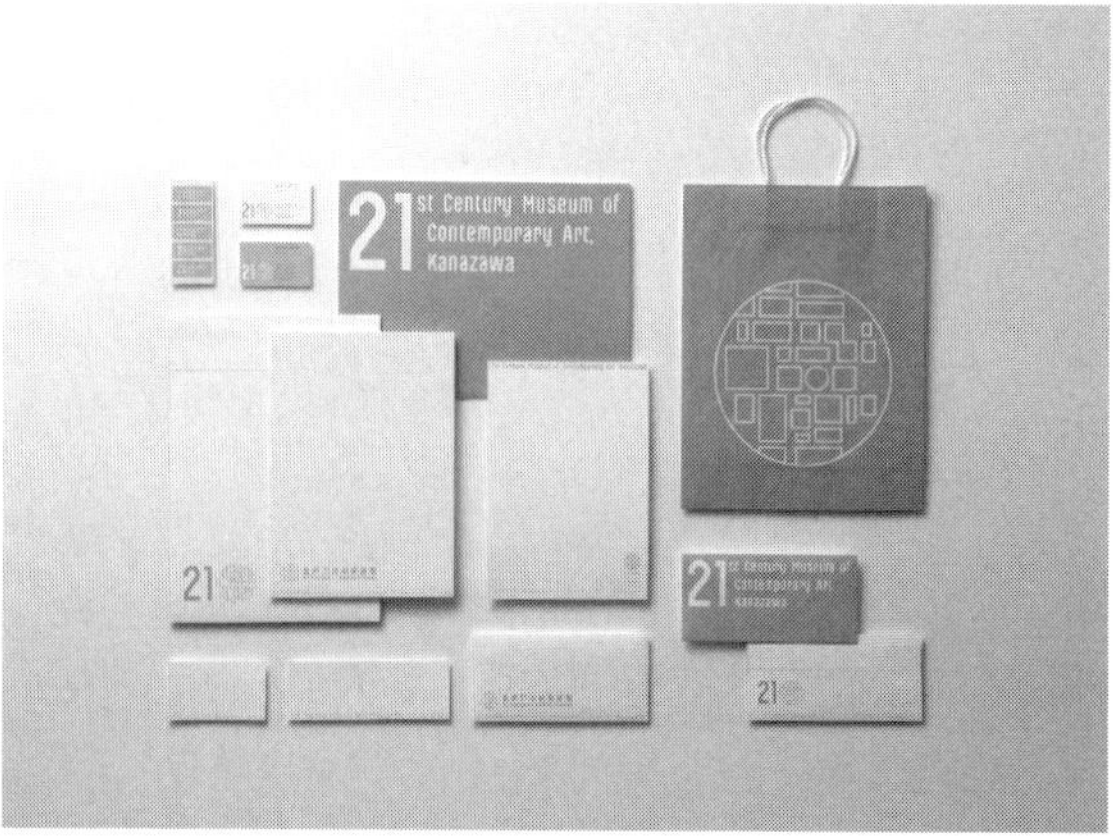

金沢21世紀美術館 VI（上）

金沢21世紀美術館グッズ（下）

です。たとえば二一世紀だからといって、何か斬新な、よくわからない形をつくってみるという方法は、すでに二〇世紀的なものづくりだと思います。そこにあるものをよく見る。すると、そこに必ず価値はある。その価値を引き出すのがデザイナーの仕事です。

図面をシンボルマークにするといっても、そこには幾通りもの方法があります。輪郭を線で表現するのか、輪郭の中を型抜きのようにするのか、色をつけるのかどうか、さまざまな課題があがってくるわけです。結果的にすべてを線で表現しましたが、その線の太さによっても印象は変わります。細かいところでは、外観である円の中に丸い部屋が一つありますが、その円の線の太さは四角い部屋よりも少し細くしています。同じ線で直線と曲線をひくと、曲線の方が太く見えてしまうのです。こういった細かい技は、じつは単純なものほど必要になります。

ここではまた、建築とシンボルマークが一体になった時に、建築と美術館の展示、それを見に来た来館者とが、能動的にコミュニケーションできるのではないか、とも考えました。たとえばマークが紙袋に印刷されていたとしたら、それを見ながら「この部屋の展示が面白かったね」と話し合うといったようにコミュニケーションツールにもなります。あるいは自分の覚え書きをメモしておくこともできます。こうしたことによって、単に美術館に展示されている作品を見に来るだけではなく、空間そのものを体験し、その楽しさを印象づけるツールとしても、シンボルマークが何らかの役割を果たすことができると考えたのです。

音をデザインする……ミツカンミュージアム

同じく美術館で、比較的最近VIに携わったものに「ミツカンミュージアム（MIZKAN MUSEUM）」（開館／二〇一五年）があります。お酢の醸造で長い歴史をもつミツカングループの創業の地は、愛知県知多半島の半田です。そこには今でも、かつて舟運に使った運河沿いに、木造の倉庫群がズラッと並んでいます。それはじつに素晴らしい景観です。その一角に新しく、お酢造りの歴史や日本の食文化などを伝える体験型ミュージアムがオープンしました。周辺の倉庫群との調和を意識した瓦葺き切妻屋根の建物です。

この美術館のシンボルマークやサインをつくるということでお話をいただいた際には、

ミツカンミュージアム MIM
(Photo:Takaya Sakano)

MIZKAN MUSEUM

ミツカンミュージアム MIM VI（上）

ミツカンミュージアム MIM（下）
（Photo:Takaya Sakano）

そのネーミングのアイデアからすべて、提案させていただきました。「MIZKAN MUSEUM」というのはズバリそのもののネーミングですが、この頭文字をとって「MIM（ミム）」という愛称をつけてはどうかということも提案しました。美術館の略称を愛称にすることは、ニューヨーク近代美術館を「MoMA」と呼ぶように珍しいことではありませんが、美術館や商業施設、あるいは商品のネーミングであっても、多くの人に覚えてもらい、愛されるためには、その名前、それもどのように発音されるかということが非常に大切です。そして「ミム」という音は、可愛らしいキャラクターの名前のようでもあり、子どもからお年寄りまで、親しみが感じられる音の響きをもっていると思いました。

Ⅴ―に「音」を発する要素が加わると親しみが増し、より愛されるものになり得る。

さらに、この「MIM」というアルファベットの組み合わせは、運河沿いに連なる倉庫群のギザギザとした屋根のようにも見えます。このヴィジュアルと音を合わせてデザインしたのがこのシンボルマークです。しかもこの文字の並びも音も、「MIZKAN MUS

ＥＵＭ」という言葉の中に最初から潜在していたわけです。私はただ選んで、並べただけです。

企業の「想い」をヴィジュアライズする……クリンスイ

ＣＩもこれまで数多くお手伝いしてきましたが、仕事を始める経緯がちょっと変わっていたのは「クリンスイ（Cleansui）」です。浄水器のメーカーで、三菱グループの企業です。現在はグループ内合併などをして三菱ケミカル・クリンスイ株式会社として広く浄水関係の仕事を行っています。クリンスイではその社名と、これと同じ浄水器のロゴ、商品のパッケージデザインをはじめ、浄水器そのもののプロダクトデザイン、コマーシャル映像や発表会の空間演出にも携わらせていただきました。

そもそものきっかけは「21_21 DESIGN SIGHT」で私がディレクターとなり、文化人類学者の竹村真一さんをコンセプト・スーパーバイザーとして迎えて開催した「water」展（二〇〇七年一〇月五日～二〇〇八年一月一四日）に、クリンスイの方が興味をもって下さり、水をテーマにした対談に出て欲しいという依頼を受けたことに始まります。ただこの時まで、私はクリンスイについてはあまり存じ上げなかったため、その旨を伝えると、ちょうど千代田区の東京国際フォーラムで年一回開催している、クリンスイの全体発表会があるというので、それを見に行きました。広いスペースに各種ブースが設けられ、商品の開発プロセスを説明していたり、企業理念や今後のヴィジョンなども紹介している。その会場には取引先の方々も来られるなど、新たなビジネスのための企業PRの場でもありました。ですが、その空間、展示の方法、それぞれの商品パッケージやロゴなどについて極めて客観的に、デザイナーとして眺めてしまった時に、非常に残念な状況にあると感じました。

ただ、この発表会を参観させていただいて、クリンスイという会社のことはわかりました。ですがそれとは別に、国際フォーラムで見たことに対する感想をすべて、今回の対談をコーディネートしてくれた当時の部長さんに、一人のデザイナーとして、まったく仕事とは関係のない立場から忌憚なくお伝えしたのです。するとその方も、ちょうどこれから海外へも進出するし、他にもいくつか課題を抱えているので、事業全体の見直しをしたいと考えていたところだとおっしゃって、私としては、自分の仕事の営業をしようという気持ちなどさらさらなかったのですが、以後、ご一緒にＣＩの仕事をすることになったわけです。

ＣＩをつくるということは、単に「Cleansui」というロゴマークを見栄え良く、デザインし直せばよいというわけではありません。ロゴマークには企業理念が現れている必要があるため、その企業理念そのものを明確に再構築するところからスタートしました。コピーライターにも参加してもらい、社内での理念の共有、また社員教育のツールともなるコンセプトブックを制作するところから始め、同時に、メインヴィジュアルである「Cleansui」というロゴマークの検討をし、さらに商品パッケージ、プロダクトと、それらすべてにそのＣＩが表現されるようにしていくという流れで、この時はかなりトータルにお手伝いをさせていただきました。

また、この時にご提案した「Cleansui」というメインヴィジュアルは赤です。それも比較的はっきりとした赤。水や環境を扱う企業の場合、青や緑という色を使いがちです。しかしＣＩでは、水を表現する必要はありません。水を扱う企業としての想いをそこに表現すればいい。こうした意図をクリンスイの方々にもご理解いただき、商品のパッケージ

Cleansui

クリンスイ ロゴ（上）

もメインカラーは赤と白に決定しました。したがって浄水器売り場を見に行くと、他社製品が青や緑を基調としたパッケージを使っている中にあって、赤い色がズラっと並んでいます。それはなかなかの存在感です。

CIは企業の表現運動となるべきものだ。単なるデザイン開発ではない。運動を通して、社員の当事者意識を醸成させ、市場の新たな理解を育成していくのでなければならない。そこではデザインの作家性は不要なものになる。「無名性」というものを多くの関係者が神輿を担ぐようにつくりあげる。まさに共創・共育のデザインがそこに求められる。

自分の方法は持たない

クリンスイの場合は、確かに多少変わった経緯で仕事をすることになりましたが、他の仕事でも、動き始めるきっかけはケース・バイ・ケースです。パッケージデザインに対して関係が発生した場合でも、いろいろとお話をうかがっていると、どうやらCIをやるタイミングだと気づくことがあります。それは、私が外部の人間だからこそ気づいたけれど、内部的にはまだ気づいていないという時には、こちらからご提案することもあります。つまり、相手の企業なり施設の一部分の仕事に携わるにしても、全体はどうなのかということを理解する必要があり、そうしなければ適切な解を見つけ出すことができないため、自ずとCIについても視野に入ってくるのです。

要請を受けたパッケージデザインの課題を精査してゆくと、もう少し、上位的な課題の存在に気づくことがある。VI、CIへの言及がそれだ。

だからといって、すべてに口出しをするわけではありません。たとえばMIMでは、携わったのは「部分」ですが、VIをつくるためには建築のコンセプトはどうなのか、展示物はどういったものなのかをまずは把握することが必要なのです。そのうえで、どこまでやって、どこまではやらないのかという見極めをつける。やり足りないのは問題ですが、やり過ぎることも問題なので、状況に応じて適切な対応をする。そのことも含めてデザイナーの仕事だと考えています。

ですから当然、かかわり方もすべて違います。企業はそれぞれに違う考えや方針、理念があるわけですから、その時々に相手のことをよく理解し、必要なことを見極めていく。自分の方法を持たない、本当に何もないところからスタートするべきだと考えています。自分のデザイナーとしてのスキルやこれまでの経験というものは、必要な時に活かすことができればいいので、予め方法として用意しておかなくてもよいのです。自分をまず、ゼロにしておく。ゼロにしておいた状態からお付き合いを始めることが、とても重要なことのような気がしています。とくにＣＩには、方法はありません。

CIには、対外的に企業の刷新をアピールするという以上に、社員や、それに関連するさまざまな人々に対する教育運動という側面がある。しかし、企業自身がそのことを自覚しないままCI、VIに取り組んでしまう、あるいは必要であるにもかかわらず気づいていないことがある。こうした事態に対し、佐藤はプロフェッショナルなグラフィックデザイナーとして、企業とのコミュニケーションを図る。ここでも、パートナーとしての職能が生かされている。

いずれも出版社のCI、VIですが、それぞれが異なる経緯、異なるコンセプトで誕生した例としていくつかご紹介します。

分厚い百科事典の上に、同じ本が二冊載っているというフォルムのマークは、平凡社がちょうど一〇〇周年を迎えるというタイミングで依頼され、つくったものです。一般に出版社の場合は、社名がそのままアイデンティティになっているケースは多いものです。この本の出版社であるPHPはその典型だと思います。そして平凡社も従来、その漢字三文字がマークを兼ねていました。じつはそれまでにもシンボルマークはあったそうですが、ほとんど機能していなかった。それを一〇〇周年というタイミングで改めて考えたいということで、お話をいただきました。

平凡社といえば、やはり百科事典の存在が大きい。創業の歴史にもかかわっています。ですから、百科事典を礎に、そこからまた次の本が生まれるというイメージをシンボライズしたものを、最終的に選んでいただきました。ただし当然、ご提案したのはこの案だけではありません。さまざまな考え方でいくつもつくったなかから、平凡社サイドがこの案を選んだ、ということです。

このシンボルマークは、創業からの理念、事業を語り継ぐ「物語」を想起、伝承させる。これもシンボルマークに求められる貴重なミッションなのだ。

一見しただけでは何がモチーフになっているのかわかりにくいのは、美術出版社のシンボルマークでしょう。このマークは、よく見ると中に白い点が一つ打たれているのですが、じつは、この点を軸に回転させていくと、一瞬「美」という漢字が現れるようになっています。つまり、映像と共に存在するマークなのです。美術出版社は、当然「美」を柱に、美術書、芸術書を中心とした出版物を発行している会社なので、「美」をシンボライズするということは、シンプルに思い浮かびます。ただ、「美」をモチーフにしたマークは美術大学でも使われていますし、シンプルなだけに差別化が難しい。一方、近年はスマートフォンの普及もあって、映像、動画が非常に身近です。そこで映像と連動させる形でこのマークを理解してもらう、そういう手法を取り入れてもいいのではないか、とご提案しました。

シンボルマークの「体験」も映像表現によるデザインで拡張してきた。

映像で動かすといっても、いろいろな動かし方があります。そのうえで「回転」させたのは、美というものをいろいろな角度から捉えるという考え方から、この方法を選んだわけです。

もう一つ、光村図書出版のシンボルマークも、ある意味では「回転」がキーワードですが、考え方はまったく異なります。光村図書出版は、主に教科書や教員向けの指導要綱などをつくっている教育関係の出版社ですが、その理念を表現するものとして、以前から「かざぐるま」を大切にしていました。それが企業理念でもあったのです。ただ、かざぐるまをそのまま表現したのでは、どこにでもあるようなものになってしまいます。そこでご提案したのは、かざぐるまのそのままの形は社章として用い、それとは別に、本やパッケー

平凡社 シンボルマーク（上）

美術出版社 シンボルマーク（中）

光村図書出版株式会社 シンボルマーク（下）

ジなどに使われるシンボルマークは、かざぐるまの四枚の羽根をそれぞれ横にずらしながら置いていくというご提案をしました。つまり、そのまま横にスライドしながら羽根を並べていくと、社章と同じかざぐるまの形が現れるのです。これは一つのマークですが、それだけではわからなくて、つながっていって初めて意味が出てくる。その種明かしとして社章があるわけです。ただ、バラバラになった四枚の羽根の意味が一度わかってしまうと、もう、かざぐるまの羽根にしか見えなくなってきます。

たとえば営業の方がこの社章とシンボルマークをきっかけにして会話をつくって、さらに、このシンボルマークに込められた企業理念に関する話へと広げていくという使われ方をしてもいい。そのマーク、デザインのなかに、物語が込められているということも、重要なのではないかと考えています。

ここでのシンボルマークには社内外でのコミュニケーション・ツールとしての機能も込められている。これも営業支援の一つの方策となるものだ。

リンゴのマークのインパクト

ＣＩについて考えた時に、やはり賞賛できると思うのは、アップル社のあのマークです。内実に詳しいわけではないので、印象でしかありません。ただ私自身の体験として、一九八四年にフリーランスのデザイナーとして独立したちょうどその頃、アップル社のコンピューター、マッキントッシュが日本に入ってきました。私は、友人でメディアアーティストの藤幡正樹君に「卓ちゃん、これからはコンピューターがデザインの道具になるよ」と言われ、すぐさま一緒に、日本橋にあった仮店舗のような販売店に行きましたが、その時の衝撃は忘れられません。

当時はカラフルだったあのリンゴのマークは、もちろん印象的なシンボルとしてすぐに目に入ってきましたが、それだけではなく、当時売っていた「Macintosh 128k」という小さなテレビのようなコンピューターの佇まいを始め、その時は何なのかさえわからなかった、コンピューターソフトのフロッピーディスクが入った、楽しげなデザインの箱が並ぶ様子、その洗練された雰囲気に圧倒されました。まだ日本語の説明書も何もなく、何をどう揃えればいいのかわかりませんでしたが、藤幡君に教えてもらいながら小遣いをはたいて、コンピューター、プリンター、必要なソフトなどを一式揃えて買いました。その時のパッケージがまた、すべて洒落たデザインで、どれも捨てたくないというくらい美しかった。パッケージが大変重要なメディアだと気づかせてくれたのは、まさにアップルコンピューターだったといっても過言ではありません。

そして、私がそのように感じた当時から、すでに三〇年以上が経っているにもかかわらず、今もそのイメージは衰えていない。むしろ、直営店のアップルストアが誕生したり、iPhoneを通じて利用者の裾野が広がっているなかで、そのイメージはますます強化されているようです。そこに、あのシンプルで誰にでも覚えられるアップルのシンボルマークがある。アップル社のシンボルマークの由来については、公式な見解は発表されていないそうですが、禁断の果実とされるリンゴであること、それが一口齧られている（Bite）ことから、豊かな物語が想像できます。そういった意味からも、非常によくできたシンボルマークだと思っています。

アップル社の市場席巻は、白いパッケージにライトグレーのアップルマークと共にあった。シンボルマークを収める画面やパッケージの余白の設計が秀逸で、そこには「穏やかな体温」を伴う、静かな革命が実感された。

それにしても「アップル」の市場登場は衝撃的で、未だ日本のプロダクトはそのオリジナリティの呪縛から抜け出せないでいる。これは同時に、これほどまでにCIを前面に押し出した製品開発、製品プロモーションの事例がなかったことの証左でもあろう。「アップル」は生活者の「私」にコミュニケーションのコミットをはかった、最初にして最大のメーカーではないか。

3　デザインとの出会い

音楽で出会った「デザイン」

コンピューターがデザインに導入されたことで、ある意味ではデザインのあり方は大きく変わったかもしれません。ただ、デザインの本質は決して変わってはいません。実際、今振り返って考えてみても、私が大学で学び、電通に勤めながら実社会で得たデザイナーとしてのスキルはまったく無駄になっていません。

とはいえ、私が電通に勤めていたのは約三年半という短い期間です。しかも学生時代から「広告」に対してほとんど関心がなく、そのための勉強をしてきたわけでもありません。そんな私がなぜ、電通に入ったのか。採用していただいた側から、この問いはまったくおこがましいのですが、デザインをやるなら、まずは一番大きいところを受けてみよう、と考えました。その方がいろいろと勉強できるだろうという、まったく甘い、若気の至りです。

では電通に入るまで、大学では何をやってきたのか。そもそもなぜ、私がグラフィックデザイナーになったのか。その辺りを少し振り返ってみたいと思います。

じつは、グラフィックデザイナーという職業は非常に身近にありました。私の父が、グラフィックデザイナーだったからです。父は、東京藝術大学の前身である東京美術学校の図按科に現役で合格、卒業後は中学校の美術教諭をしていたようですが、私が物心ついた頃にはフリーランスのグラフィックデザイナーとして仕事をしていました。当時、子どもである私は、父の仕事のことを意識したこともなければ、とくに興味もありませんでしたが、父が仕事場を四谷に構えるまでは、住居の一室を仕事場としていたので、私はそこに入り込み、父の仕事道具であるコンパスやデバイダー、粘土のヘラなどを遊び道具にしていたのです。

その父の仕事が「グラフィックデザイナー」だと知ったのは小学生の頃。授業の一環として父親の仕事を書く、という機会がありました。ですが何と書いていいのかわからない。そこで父に聞くと「カタカナで〈グラフィックデザイナー〉と書きなさい」と言われました。そのことは、非常に印象深く覚えています。それが具体的にはどんな仕事かはわかりませんでしたが、そういう仕事があるんだな、ということは漠然と意識化されました。

父は著名なデザイナーではありませんでした。今思えば、仕事は何でも請け負わなければやっていけないような状況があったように思います。よく覚えているのは、石油のポリタンク、滑らかな三次曲面をもつ立体のデザインをしていたことです。仕事部屋には、そういった立体物のモックアップをつくるための油土があり、部屋中にその匂いが満ちていました。ですから、もしかするとその当時から、グラフィックデザイナーという仕事はなんでもやる、平面も立体も扱うものだということが、私の意識に刷り込まれたかもしれません。

結果的には、大学も仕事も父の背中を追ってしまったわけですが、だからこそ、父とはデザインの話をしたことはほとんどありません。男親と息子という関係は面白いもので、息子側にはある種のライバル意識のようなものがあるのです。ですから今でこそ、自分がグラフィックデザイナーとして仕事をしていることに対して、多少は父からの影響があったと思い返すことはあります。ですが私自身が、グラフィックデザインを意識するようになったのは高校時代、父の仕事とはまったく関係なく、「ロック」だったのです。中学生の頃からロックを聴き始め、コツコツと貯めた小遣いでＬＰレコードを買った。そのＬＰジャケットの影響が、本当に大きかった。

当時は、演奏するアーティストの映像を見る機会などほとんどなかったため、レコードをかけて大好きな音楽を聴きながら、ＬＰジャケットを食い入るように見て、想像を巡らせるしかありませんでした。ですが、その三〇センチの正方形のなかにはさまざまなタイポグラフィがあり、写真があり、海外の町並みやファッション、クルマや電化製品などのプロダクト、あるいはイラストなど、あらゆる情報が詰まっていました。ここには無限の可能性がある！　そんな風に思うくらい、素晴らしいメディアでした。音楽と一緒にデザインが、自然と自分のなかに流入してきた。こういうことにかかわることができたら本当に幸せだろうな、と思い始めました。どうしようもなく好きな音楽と一緒に、デザインというものが意識化されたのです。

佐藤卓が生まれたのは一九五五年。高度経済成長期の真っ只中で思春期を過ごした世代である。その彼がグラフィックデザインを意識化したのは、ロックの「ＬＰジャケット」だというのは興味深い。それはある意味、消費社会の中でのデザインとの出会いだ。戦後、日本のグラフィックデザイン界を支えてきた、それまでの世代とは明らかに異なり「消費」と「デザイン」が抵抗なくマッチングしだした、第一世代といえる。

デザインの勉強……予備校時代

ですから私自身が、デザインについて本気で考え始めたのは高校生の時です。当然その頃になると進路を考えなければいけませんが、何しろ私は、体育と美術以外は苦手な子どもでした。むしろ逃げるようにして、美術の道を選んだわけです。それでいろいろと自分で調べると、美術大学に進むためには予備校に行く必要があると知り、高校三年生の時、夜間で御茶ノ水美術学院（以下、御茶美）に通い始めます。

じつは現役でも東京藝術大学しか受験せず、これに三次試験で落ちてしまったため、御茶美には二年間在籍していました。ですがこの御茶美での二年間が、自分にとっては非常にいい経験でした。

御茶美ではとにかくデッサン、デッサン、デッサンの日々。もともとデッサンは好きだったので、かなり集中してやりました。しかも若い時は、何もできないくせに何かと哲学的に物事を考えたりするもので、デッサンをやりながら、空間にあるものを平面に移すとはどういうことか、物に対峙した時にどのように空間を捉えればいいのか……など、かなり真剣に考えていました。また、デッサンでは非常に集中力を求められます。やはり集中力を欠いている時はいいデッサンは描けないわけです。御茶美では、いいデッサンが描けないと、その後の講評で講師や先輩方にボロクソに叩かれました。そればかりか、精神状態まで見透かされてしまう。「卓ちゃん、何かあったの？」なんて聞かれて「ギクッ！」としたり「グサッ！」と刺さったり。ですが、その厳しさがある意味、とても心地よかった。そんな御茶美の二年間は未だに、非常に大切な時間だったと思います。自分の内面を見つめ直し、鍛え上げる「道場」のような二年間でした。

じつは芸大に入った時に、周りの同級生にあまりにも緊張感がないので、ちょっとがっかりしました。とくにデッサンに関しては、同級生四三名のうち半分くらいは「こんなので大学に入れたの!?」と思ってしまったほど。御茶美時代の先輩のほうが、よほどデッサンがうまくて、憧れてしまうほどだったからです。それにもかかわらず、彼らは大学に合格せず何浪もしている。それが不思議で仕方ありませんでした。

デザインの勉強……芸大時代

芸大ではデザイン科に進みます。デザイン科は、ちょうど私が入った年に設立されました。それまでは工芸科のなかのデザイン専攻。すでに私立の美大にはデザイン科が存在していましたから、芸大ではデザイン科の設立がずいぶん遅かった。やはり芸大では美術が本体。油彩、日本画、彫刻といった「芸術」が中心の東京藝術大学ですから、デザインという概念をどう捉えるか、果たしてこれが「芸術」に含まれるものなのかという判断に時間がかかったのではないでしょうか。

私立大学では比較的早い段階から工芸とデザインは弁別されており、「工芸デザイン」「産業デザイン」「商業デザイン」「芸能デザイン」という学科が誕生していた。しかし国立大学では、佐藤が大学に入った一九七四年に、やっとそれが誕生した。つまりこの時代までは、デザインはまだ社会的な地位を確立できておらず、「応用芸術」くらいに捉えられていたということだろう。

さらに三年生の時には、視覚伝達デザイン科、工業デザイン科、形成デザイン科、構成デザイン科、環境デザイン科という五つに分かれました。

そのなかで私が専攻していたのは形成デザイン科です。先生は文様の研究者である吉田佐源二先生。ですから私も畳の部屋に正座して、お寺の柱についている繧繝彩色《うんげんさいしき》を、顔彩《がんさい》を膠《にかわ》で溶いて模写するというようなことをしていたわけです。その影響を自然と受け、アラベスクにとてもも興味をもち、自分でオリジナルのアラベスク文様をつくったりしていました。

そういう意味でも大学での勉強は、だいぶ古典的な印象の、美術学校の図按科時代からの伝統を引き継ぐような感じではあったのですが、三年生の時に、講師として福田繁雄さんが来られて、外の風を感じました。佐源二先生はいかにも大学の先生という感じで、それはそれで非常に勉強させていただいたのですが、福田さんはちょっと大学のなかの雰囲気とは違う空気をもっておられて新鮮でした。それで私も福田さんに授業の作品や自主的につくった作品などを見てもらったりしていました。

ロックバンドのパーカッショニスト

ただ大学時代、私はそういう勉強よりも、なんといっても音楽、ロックバンドに誘われて、本格的にバンド活動を始めてしまったのです。週のうち二日はバンドの練習で、一日はライブハウスに出る、その間にちょろちょろっと大学に行く、というような生活です。しかもある日、横浜のライブハウスに出ていた時に、たまたまプロのパーカッショニストの方が聞きに来られていた。終演後にその方に呼び出され、「Ｙｏｕ、Ｙｏｕの叩き方、全然ダメ」「今度、俺のところに来い」と。それで、横浜のその方のスタジオにパーカッションを習いに行くようにもなります。それが大学三、四年の時でした。もはや就職する気持ちなんてさらさらなく、ミュージシャンになりたい、と、本気で考えるようになっていました。

一方、家庭環境としては非常に厳しい状況でもありました。オイルショックの後、父の仕事にも影響が出て、私としても親のスネをかじるわけにもいかず、大学二年頃からは、自分でアルバイトをしながら学費を払っていました。四年生の時には、自分の出身校である御茶美で講師のアルバイトをしていましたが、御茶美は講師料が非常に良かったので、本当に助かったことを覚えています。

そうこうしながら、ミュージシャンになる道を探るつもりもあって、学部卒業後には大学院に進みます。

ただやはり、バンドのメンバーが就職のために脱退したり、メンバーチェンジをしていくと、それまで一つにまとまっていたメンバーの気持ちもバラバラになってきて、やはり音楽で食べていくことはできないのではないか、とも思い始めます。それでも個人的にシンガーソングライターのバックバンドとしてライブツアーに参加するなど、まだもがいていました。

ところがある時、紙に線を引こうとした時に、手が震えるようになっていることに気がつきました。パーカッションで、毎日のように硬い革を手で叩いていたため、手が震えるようになっていたのです。これはマズい、と初めて強い危機感を覚えました。自分は本当に、大学で学んできた美術系、デザインを捨てる覚悟があるのか。真剣に考えざるを得ない状況になります。

大学院二年の時、ミュージシャンの道を完全に諦めたと言えるほど踏ん切りはついていなかったのですが、とにかく一度世の中に出て、デザインの修業をしなければダメだと思いました。そこで慌てて学生課に行き、求人の貼り紙を見ていたら、そこに「電通」とあったのです。

卒業制作と修了制作

そして急遽、就職活動を始めることになったわけですが、その前に、学部の卒業制作と大学院の修了制作、それぞれを振り返ってみると私が大学でどんなことをやってきたのか、なんとなくわかるかもしれません。バンドに熱中していましたが、それだけではなかったということを、一応お伝えしておきたいと思います。

学部の卒業制作は、形成デザイン科で文様をやっていたので、オリジナルのアラベスク文様をつくりました。それも平面ではなく三次元。つまり部屋のコーナーを使ったのです。床と壁二面、そのピラミッドのような三角形の空間、そこに白黒のアラベスク文様を描いて、ある一点から見ると、それがまったく平面に見えてくるというものをつくりました。これはまず平面のパターンをつくり、それをもとにレーザー光線を使って、それを壁に投射し、その点を取っていく。すると壁にも図柄の下書きができるので、それらをつなげて白黒で表現していったわけです。ですから、文様というと平面ですが、それを空間として見せる。また、当時はまだ珍しい先端技術だったレーザー光線を使ってやるという、かなり複合的なことを学部の卒業制作ではやりました。

要するに、吉田佐源二先生の文様と福田繁雄さんの作品に象徴的な錯視とが自分のなかでハイブリッドになっていたわけです。かなり巨大なスペースを使ったため、同級生からは非常に迷惑がられましたが、この作品ではサロン・ド・プランタン賞（教授会が推薦した優秀作品に対して贈られる賞）をいただくことができました。

大学院の時には、同じような手法をもう少しシンプルに、壁に対して、ある一点から見るとミッキーマウスが見えてくるというものをつくりました。ただこの時には、そこに遊びも入れています。そのミッキーマウスの図柄は正方形のパネルで構成されているのですが、そのパネルがすべて磁石でできている。ですから壁から剥がすとバラバラになり、それを見る人が、ある一点から見た時にだけミッキーマウスに見えるように貼り付けていくという、いわばインタラクティブな遊びのような作品をつくりました。

デザインの歴史と世代

日本の戦後復興に対し、デザインが果たした役割は大きい。一九五一年、現在の日本貿易振興機構（JETRO）の前身である、財団法人海外市場調査会が発足したことは、一つの契機となる。この時デザインは、日本から海外へ輸出するさまざまな製品に与えられる「付加価値」という役割を与えられたと考えられるからだ。このことは同年に日本宣伝美術会（JAAC／一九七〇年解散）が、翌五二年には日本インダストリアルデザイナー協会（JIDA）が発足したことがそれを裏付ける。さらに五五年には、勝見勝を創立メンバーとする日本デザインコミッティーが設立。設立当初より、美術とデザインと建築は、互いに切り離せぬ要素であると位置づけたこの活動には、デザイナー、建築家、批評家らが名を連ね、現在、佐藤卓もこれに参加している。

一九六〇年五月、勝見勝、板倉準三、柳宗理、亀倉雄策、丹下健三らを中心に、二七カ国二〇〇名以上のデザイナーを集めた「世界デザイン会議」が東京で開催される。グラフィック、インダストリアル、クラフト、インテリア、建築など、デザイン分野を超えたデザイナーたちが国を超えて横のつながりをもつと共に、日本のデザインを海外に表明する機会となった。そうしたこの実績は、一九六四年の東京オリンピックで活かされることになる。

大学時代、福田繁雄さんが講師として来られた時に、とても新鮮な風を感じました。グラフィックデザイナーとしては、初めて、影響を受けた人物とも言えます。デザイナーとして独立してからは、直接師事を受けたわけではありませんが、亀倉雄策さんとも知己を得て、何度かお話をさせていただいたこともあります。世代的に考えると、亀倉さんは、日本のグラフィックデザインの黎明期、第一世代として活躍され、福田さんは第二世代ということになるでしょうか。

戦後の民主主義の体現を標榜して、デザインの地位を確立していった第一世代に、原弘《ひろむ》（一九〇三〜一九八六年）、河野鷹思（一九〇六〜一九九九年）、勝見勝（一九〇九〜一九八三年）、亀倉雄策（一九一五〜一九九九年）らがいた。

次いで、第二世代として、永井一正（一九二九年〜）、田中一光（一九三〇〜二〇〇二年）、福田繁雄（一九三二〜二〇〇九年）、粟津潔（一九二九〜二〇〇九年）、仲條正義（一九三三年〜）、木村恒久（一九二八〜二〇〇八年）、杉浦康平（一九三二年〜）らがいて、高度経済成長下の裡で、経済が最優先されることにより、文化がないがしろになっている、という問題意識や反権力意識からデザインに向き合ってきた世代といえる。その間の象徴的な出来事として七〇年万博と「日宣美」粉砕があった。デザイン批評も活発だった。さらに時代は都市化社会を迎え、「ＰＡＲＣＯ」に代表される都市文化を彩るデザインの隆盛期に入ってゆく。これらを第三世代とすると、石岡瑛子（一九三八〜二〇一二年）、青葉益輝（一九三九〜二〇一一年）、浅葉克己（一九四〇年〜）、松永真（一九四〇年〜）らが挙げられる。

時代はさらに進み、経済バブル期とその崩壊。それに続く経済の停滞期。この時代を第四期とすると、佐藤晃一（一九四四〜二〇一六年）、井上嗣也（一九四七年〜）、葛西薫（一九四九年〜）、サイトウマコト（一九五二年〜）らが挙げられようか。

そして時代はグローバリゼーションへと雪崩を打ってゆく。

井上嗣也さんはアートディレクターとしてコム・デ・ギャルソンの素晴らしいグラフィックを実現されるなど、ラディカルな広告をつくられていますし、佐藤晃一さんもグラフィックデザインの王道を行きながらも、オリジナルな世界観を構築されています。葛西薫さんは広告において非常に透明感のある、独特な世界をつくられているなど、デザイナーはそれぞれ、その表現はもちろん仕事に対するスタンスも一人ひとり異なるので、一括りに世代論を考えることはなかなか難しい。ですが、あえて言うなら私はその下、第五世代ということになります。

客観的な立場からみると、第三世代までのデザイナーらは、基本的にはなんらかの職能団体(例えば日本宣伝美術会、日本インダストリアルデザイナー協会、日本デザインコミッティ、日本グラフィックデザイナー協会など)に参画し、それによって、グラフィックデザイナーという立場を世の中に確立しようとしてきたのに対し、第四世代からは、既存の団体には縛られず、自らの「デザイン」をさまざまな手法で表現し始めたように見える。要するにそれは「デザイン」というものが、日本の土壌に根付き始めた時代だということでもあろう。

しかし改めて考えてみると、私の世代と第四世代の先輩方との間には、明確な線が引かれていると感じます。恐らくそれは、私が高度経済成長期にどっぷり浸かって子ども時代を過ごした世代であることが一つの理由ではないでしょうか。私自身の感覚では、「経済」と「文化」を分けて考えることには違和感がある。それらは渾然一体となって、自分の周りに存在していました。そのなかにいながらデザインを捉えること、考えることは、もはや当たり前になっている。それがまったく、自分の態度としては自然なことなのです。

そういう意味では私たちの世代は、広く、コミュニケーションの中でデザイナーとしてのスキルを活かしていくという点が、世代的な特徴といえるのかもしれません。またそういった傾向は、私の下の世代になると、さらにデジタルメディアとのつながりもあり、ますます強くなっているようにも思います。

グラフィックデザイナーとしての自分が、どこに位置づけられるのかに関しては、やはり、自分で分析するのは難しい。ですが、そういう歴史のなかにいる、諸先輩方が拓き、築いてきたものの延長上に自分がいることは間違いありません。最近の若い人たちはあまりそういうことに関心をもっていないようですし、むしろ、歴史性や世代論的な話を余計なもの、邪魔なものと考える傾向が強くなっているように感じます。しかし、今自分がデザイナーとして仕事をしている環境そのもの、デザイナーという仕事の社会的な位置づけといったものは、歴史の上に築かれてきたものです。そういう認識をもっておくことは、とても大切なことだと思います。

> デザインの世代論は時代・社会に対する問題意識を歴史的に俯瞰するうえでも必要なものだ。デザイン表現を過去の系譜と参照するためにも世代論を歴史として把握することが必要になり、デザイナーは絶えず表現が歴史に立脚していることに無自覚であってはならない。

4 電通で学んだこと

テクノカットとアラベスク文様

大学院二年生の時、電通の就職試験を受けるわけですが、なにしろ学生時代には広告会社に就職しようと考える人ならば当然やっているようなこと、作品づくりも何も行ってきていませんでした。それで仕方なく、アラベスクをベースにした、オリジナルのパターンデザインを持って面接に臨みます。ただ、それをそのまま見せても理解してもらえないと思ったので、自分がやってきたことをきちんとプレゼンテーションするしかない。そこで、複雑につくったパターンを分解して、もともとの形はこうです、これを二つ組み合わせるとこうなります、それがさらに広がると……と、できるだけわかりやすいようにと考えて、説明しました。

ところが当時は、音楽的にはテクノを聞き始めていた時期で、自分のライフスタイルもそちらに傾倒していましたから、当然、ヘアスタイルはもみあげを刈り上げたテクノカット。さらに透明なプラスチックのメガネを掛けているといったファッションです。そんな人間が、いわば古典的なアラベスクの文様について熱心に語るわけですから、面接してくれていた方々は「こいつは何を考えているんだ」と思ったに違いありません。それでもなぜか、二次の実技試験、最終面接という三つの段階を経て、無事に採用してもらいました。恐らく作品そのものというよりも、その「伝える」ということを、見ていただいたのではないかと思っています。

とはいえ、そんな感じで入社したため、問題児扱いをされていたことは間違いありません。「こいつは叩き直さなければならない」という新入社員は、当時の電通のトップクリエイター、鈴木八朗さんに付けられて、鍛え直されるということが伝統としてあったようです。ご想像に違わず、私もその一人になりました。

新入社員には、まず三カ月間の研修がありました。電話対応などの社会人としてマナー研修や印刷所へ見学に行くといったものでしたが、研修時には毎日、その日に行ったことを業務日誌として書いて総務に提出し、ハンコを押して返してもらうことになっていました。ところが私はその日誌も普通には書かず、かなりめちゃくちゃなことをやりました。斜めに文字を書いたり、グルグルと渦巻きにして書いてみたり、ページを破ってしまうこともあれば、写真を貼ってコラージュにしたり。スクラップブックをつくるような気持ちで業務日誌を書いていたのです。ですが、それがちゃんと翌日には、ハンコが押されて戻ってきていた。だから「いい会社だな」なんて思っていい気になって、ますますエスカレートしていったのです。ところが後でわかったのは、総務に同期の女性がいて、彼女が「佐藤くんの日誌だけハンコが押されていなくてかわいそう」と、勝手にハンコを押してくれていたらしいのです。今思えばずいぶん長閑な話ですが、そんなわけで、私がいい気になっていた一方、上司や先輩方は、この何もわかっていない新人に焼きを入れなきゃいけない、と考えていた。そうして研修終了後、鈴木八朗さんのアシスタントに、アートディレクターの職能も、何も知らない状態で入れられることになったのです。

「デザイナーには向いていないんじゃないかなぁ」

当時、鈴木八朗さんは四〇歳前後だったでしょうか。一番脂が乗って、バリバリの時代。ちょうど、旧国鉄のディスカバージャパン「いい日旅立ち」キャンペーンを手がけられ、次に「フルムーン」キャンペーンをスタートさせた頃に私が入りました。夫婦あわせて八八歳以上なら運賃が安くなるというキャンペーンをアイデアから立ち上げておられた。「フルムーンっていう名前、どうかな?」と、たまたま隣にいた私に聞いたことを覚えています。「ハネムーンじゃなくて、フルムーン、いいだろう」って。

八朗さんのその仕事ぶりは、広告について何も知らない私であっても、いかにすごいものであるか、すぐにわかりました。圧倒されっぱなしです。デザインはもちろんですが、キャンペーンの企画から、コピーのライティング、写真も自分で撮ってきますし、全部やってしまう。しかもスピードが速いのです。当時はまだデジタルカメラなんてありませんから、ロケに行けばフィルム何本分も撮影してきて、三五ミリフィルムの、マウントした写真をざっと何十枚も選びながら、一気にレイアウトをしていく。それが校正刷りになって出てくると色のバランスも見事にとれているのです。今のようにパソコン上で写真を貼り込んで見ることなどありませんから、レイアウトの時には、いわば頭のなかで色を組み合わせている状態です。それがビシッと出てくる。「この人は天才だ」と思わされました。そんな八朗さんの仕事を見るにつけ、「とてつもない会社に入ったな」と、「これは生半可なことではやっていけないぞ」と、そこで初めて思いました。

当然、厳しい。非常に厳しい現場でした。私自身、本当に何もできませんでしたし、八朗さんが「行くぞ」と言えば、まさにキンギョのフンのようにくっついて行くばかり。そんななか、ある日お昼ごはんを食べに、やはりキンギョのフンのごとくくっついて行くと、八朗さんが「卓ちゃんは、デザイナーに向いていないねぇ」と、言うのです。優しく、笑顔で。「デザイナーには向いていないんじゃないかなぁ」と。それは今でも忘れられません。それは冗談ですか、それとも……と思っても、とても聞くことなんてできない。ごはんも喉につっかかってしまって、まったく通っていきません。

それは相当にショックでした。やはりそれまでは、それなりにデザイナーの資質があると思っていたのです。予備校に行き、美大も出て、何年もその分野の勉強をしてきたわけですから。ところが社会に出てみたら本当になにもできないうえ、間違いなく力のあるデザイナーに「向いていない」と言われてしまったわけです。ですが、それで本当に目が覚めました。一晩寝たら、すっきりと開き直ることができたのです。自分は仕事の現場では本当に何もできないんだ、何もできないのだから素直にすべて受け入れて勉強しよう、と。そこからは、とにかくなんでも与えられた仕事を、徹底的にやろうと思いました。

コミュニケーションの大切さ

今の佐藤の仕事には、電通での経験が大きく影響しているはずだ。鈴木八朗という、伝説的なクリエイターについたことは、彼自身が振り返っているように、エポックとなる経験だったに違いない。ただ、鈴木八朗のようなクリエイターは、一つの作品をつくりあげるその工程を、なんでも一人でこなしていた一方、佐藤の仕事のあり方はそうではない。その後独立し、ガムやスナック菓子のパッケージなど、大量生産品のデザインを数多く手がけるようになった彼の真骨頂は、何よりクライアントとのコミュニケーション力にある。

鈴木八朗さんについていたのは半年程度です。その後は電通の「本筋」というのか、粛々と広告制作をしている部署に配属されます。それでようやく、八朗さんがいかに特別だったか、電通のなかでも異例中の異例だったことがわかるのですが、改めて、八朗さんの元に最初に放り込まれたことを、ありがたい経験だったと思いました。仕事に対する考え方は、その前とその後ではずいぶん変わっていましたから。

次に配属された部署では、全日空、ニッカウヰスキーといったクライアントを抱えていて、大小さまざまな広告媒体の制作を行っていました。そこで後に、独立後に初めて仕事をさせていただくニッカとのつながりもできるのですが、その前に、デザイナーとしての基本的なスキルも、この時に勉強させてもらいました。なにしろ大学時代はバンドばかりやっていて、当時のデザイナーには必須の道具であったカラスグチひとつ、まともに使えないような状態。そこで、その部署と付き合いのあった制作プロダクションに何日か通い、いわば版下制作の実地訓練をさせてもらいました。

プロダクションでの主な作業は、写植（写真植字）で打ち出した文字をカッターで切って、ピンセットでつまんで、一文字ずつ貼り直しながら文字詰めのバランスをつくっていく、というもの。今なら、パソコンのレイアウトソフトで文字間を少しずつ詰めていくということになるのですが、写植というのは印画紙に文字を出力して、それをそのまま印刷用の版にする。ですから文字詰めを調整したければ、キレイに切って、貼って、自分の手でつめていくしかないわけです。そういう細かい作業を黙々とやりました。一段落して版下から顔を上げると目の焦点があわなくなっていることもしばしば。ですが、これも本当にいい経験でした。今でもロゴをつくる時など、文字間のバランスをかなり細かく見ますが、文字というものに対する意識や集中力には、この時のトレーニングがかなり役立っていると思います。

このように基本的なことを勉強させてもらいながら、次第にクライアントとの打ち合わせにも参加させてもらうようになります。参加するといっても、新人のペーペーなので末席で話を聞いているくらい。ですが今、電通時代を振り返ってとても勉強になったと思うのは、こういったプレゼンテーションの場で、クライアントに対して、自分の考え、デザインの意図をいかに伝えるかといった根本的なコミュニケーションの取り方、つまり、人と人との関係性の築き方です。

たとえば大キャンペーンのプレゼンテーションともなると、電通側から、営業、プロデューサー、アートディレクター、コピーライターからそれぞれのアシスタントらが、一〇名くらいズラッと並ぶ。クライアント側も、偉い方々がズラッと同じくらい並んで、会議を行うわけです。それを私はとくに発言の機会もないまま、端っこからずっと見る。ところが、プレゼンテーションの場では、電通でも有数のコピーライターが素晴らしいアイデア、企画を説明しているのですが、どうもクライアントの方々が興味をもって聞いてくださらないことがあるのです。なかには舟を漕いでいる人までいる。そういう時には、こちらのプレゼンテーションの仕方が良くないのです。説明する側が、企画書に目を落として淡々と話している。相手がどんな表情で聞いているかを見ていない。インタラクティブなコミュニケーションがとれていないのです。そういうことを、席の端っこから見ていました。

またロケについて行った時にも、カメラマンへの指示、コピーライターとのやり取りをどのように行っているかが、その後の仕事に大きく影響してくることを見させてもらいました。それは非常に大きな経験でした。

要するに私のように、とくに美術大学に進学しているような人間は、何かをつくり出す、自分を表現するということに憧れてその道に進むわけです。ところが一番大切なことは、それを「どう伝えるか」ということだったのです。しかも、伝えるためには、きちんと相手の話を聞くことが何より重要だった。インタラクティブなやり取り、コミュニケーションが大切だったのです。そういうことを、リアルな現場で体験させてもらった。その経験は非常に貴重なものでした。

佐藤がデザインをクライアントとのコミュニケーションのテーブルに載せるのを厭わないのは、この電通時代の経験と見聞にも多少依るものだろう。その資質が佐藤を無名性のデザインへと導いたものと考えられる。

ニッカウヰスキーへの自主プレゼン

そんななかで、ニッカウヰスキーの担当をさせてもらうようになり、小さな媒体のレイアウトやカタログをつくらせてもらうようになります。入社して二、三年目の頃です。打ち合わせのために会社を訪ねたり、小さい仕事ながらクライアントとの関係性もできてきます。そうしてニッカウヰスキーの仕事をしながら、ふと、当時二〇代半ばの自分が飲みたいようなウイスキーが一本もないな、と思ったのです。ちょうどその頃、キリン・シーグラムから若者向けに、低価格でシャレたデザインということを売りにしたウイスキーとして「NEWS」（一九八三年）が発売され、それを受けて各社から、若者向けのいろいろな商品が発売されるようになってきます。ですが私には、これらの商品はどこか若者に迎合しすぎている、もっといえば、媚《こ》びているように感じられました。デザインではなく、その戦略が気に入らなかったのです。ニッカからも、この流れに乗ろうとアルコール度数を下げたウイスキーが、なんと発売されたのです。ニッカからは若者向けの商品はあまり出ていませんでしたが、それはそれで取り付きにくさがある。そんなことを思って、それを会社の先輩に話しました。

そうしたら、「じゃあお前、自主的にプレゼンテーションしてみるか」と言うのです。当然、そのための予算はありませんが、ある程度は会社としてサポートするから、ダメもとでやってみたらどうか、と。私は「そんなことをやっていいんですか！」と驚きましたが、「ぜひ、やらせてください！」ということで、同じ歳のコピーライターと二人で、自主プレゼンの準備を始めます。

当然、ニッカからは何も依頼されていませんから、最初の一歩から、自分で考えてやるしかありません。そもそも、中身に何を入れればいいのか、そういうところから全部決めるしかない。そのためには、ニッカという会社の歴史を知ることはもちろん、これまでどんなウイスキーをつくってきたのか、それぞれのウイスキーはどう違うのか、他社製品との違いは何か、現在、工場にはどんなウイスキーが眠っているのか……と、とにかく、ありとあらゆることを知らなければいけないと思いました。ニッカには北海道の余市と宮城県の宮城峡の二カ所に工場があるのですが、そこに取材に行ったり、ブレンダーの人に会ったりと、そういう取材も徹底的にやり、ニッカのことを熟知しました。

一方で、世の中の風潮、当時の若いセンスがいい人たちの価値観、ライフスタイルを調査しました。どういった服を着たいと思っているか、どういう部屋に暮らしたいと思っているか、どんな音楽を聴きたいのか、何を食べたいと思っているのか。そしてそこにはどのような共通項があるのか。それらをニッカウヰスキーの状況と照らし合わせて、今、こういうウイスキーを出すべきではないか、ということを考えていきました。

そういう資料をすべてまとめて、スライドをつくり、あらゆる準備を尽くして、ニッカウヰスキーにプレゼンテーションをさせてもらったのです。一つ機運としては、ニッカが一九八五年に創立五〇周年を迎えるので、それに合わせて新商品を発売してはどうか、ということもありました。ですが当然、ニッカとしては依頼もしていないのですから、企画がすぐに通るはずはありません。そこを私たちは、しつこく、しつこくプレゼンをし続けていたのです。

「わからない」価値観を提案する

そうこうしている間に、さらにキリン・シーグラムから「Saturday」(一九八四年)という、やはり若者向けのウイスキーが出ます。そんな流れもあって、おそらくニッカ内部で「ウチにもなにかないのか」ということになったのだと思います。ちょうどそんな時に、私たちが何度もプレゼンテーションをしていた。そこで今度は上層部の方々が「ちょっと話を聞いてみよう」ということになり、改めてまたプレゼンをしに行きました。

この時は、今までの担当者よりも少し年輩の方々が出てきてくれました。そこでも私たちは、今の若い人の価値観はこうです、と、スライドを見せて話をしました。たとえば、今はTシャツでも洗ったらすぐによれよれになってしまうような、ラフなものの方が好まれています、何度洗っても新品のようなＴシャツよりも、すぐに自分のからだになじむようなＴシャツの方が若い人にとっては気持ちがいいのです、と。食べ物にしても、音楽にしても、若い人たちの価値観はまったく変わってきている。そのなかではウイスキーも、ライフスタイルの一部になるのです、というわけです。

佐藤が時代の若者の生活嗜好《ライフスタイル》をスクラップしてみせたのは「テイスト×マインド」マトリックスに基づく「エモーショナル・マーケティング」と呼ばれた定性分析だった。暮らしへのエモーションの傾向値を「テイスト（欲しい好みのイメージ）」と「マインド（なりたい年齢のイメージ）」の二軸の指標からデザイン（モノ）を採集し、検証する方法で、「デザイン」を売る業種、たとえば、アパレル、雑貨、インテリア、クルマ、住宅などがその品揃えや商品企画、デザイン開発の場面で活用されるが、当然、ウイスキーもこの対象になるべきものだった。しかし当時、酒はエモーショナル・マーケティングからは無縁で、メーカーの怠慢以外の何ものでもなかったのである。

「テイスト」は「コンサバティブ（保守的）」「コンテンポラリー（今日的）」「アグレッシブ（前衛的）」から読み取られる。

アグレッシブ（前衛的）	コンテンポラリー（今日的）	コンサバティブ（保守的）	テイスト／マインド
			キッズ
			ジュニア
			ティーンズ
			ヤング
			ヤングアダルト
			アダルト
			マチュア

「マインド」は「キッズ」「ジュニア」「ティーンズ」「ヤング」「ヤングアダルト」「アダルト」「マチュア」から把握される。

佐藤がスクラップで示した若者の生活嗜好は、「コンテンポラリー」なテイストと「ヤングアダルト」が中心のマインドが描き出す嗜好エリアであったことは容易に想像がつく。

ネーミングは「ピュアモルト」。これは、工場で普通に使われている呼称ですが、ブレンダーにとっては「まだつくっていない」ウイスキーという位置づけのものを、そう呼んでいました。私たちは工場を取材させてもらった時にそのことを知り、その場で少し飲ませてもらったのですが、それでも十分に美味しいウイスキーでした。ウイスキーは通常、樽の中で長期間熟成させればさせるほど「何年もの」といって高価になりますが、今の若い人たちはそういうウイスキーよりも、樽から出たばかりの、ありのままのものに興味をもつだろうと思いました。そこで、それをそのままのネーミングで商品化したいと考えたのです。

容量は、核家族でも気持ちよく飲み終えられる五〇〇mlに。すでに女性もウイスキーを飲む時代になっていましたし、これくらいの容量なら女性でも持ちやすく、親しみやすいサイズ感になります。価格はＬＰレコード一枚と同じ二五〇〇円。そしてラベルは、どんなシーンにもなじみやすいシンプルなものに。しかも、飲み終わったボトルはその後、別の用途に使えるようにしたい。ラベルは剝がしやすい水性ノリで貼り、ボトルの口にネジ山をつけず、さらにコルクの栓を別につけておく。ただし、リユースしやすくなっているということはパッケージのどこにも書かずに、飲み終わった人が、自然と、別の用途にも使えると気づき、手元に置いておきたいと思えるようなボトルにしたいと考えました。

パブリシティに関しては、今の若い人たちが何より信頼しているのは、人から人に伝わる情報。このウイスキーを気に入ってくれれば、それは必ず「口コミ」という形で情報が伝わるはずなので、テレビコマーシャルはしない。最低限、電車の車内広告は出すけれど、中吊り広告は掲載費用が高いので、一番安い車額を使って少し宣伝する……。このように、マーケティングから中身、容量、ネーミング、パッケージ、パブリシティと、一つの商品にかかわるすべてのことを提案しました。しかもこれらの提案は、従来の新製品を売り出そうという時のセオリーとはだいぶ違います。当然、すぐに決まるはずはありません。プ

ニッカウヰスキー ピュアモルト

レゼンに参加してくれた上層部の方々も、「こいつらは何を言っているんだ？」という、あっけにとられた表情です。ですが私はこの「わからない」という雰囲気に気づいた時に、「これは可能性があるぞ」と、手応えを感じたのです。

なぜなら、その場にいた方々に、若者向けの商品開発はわからない、自分たちには判断できないと思ってもらうことも、このプレゼンテーションの一つの戦略だったからです。自分たちが当たり前だと思っていた概念とは違うのですから、当然、大賛成なんてあり得ません。ですが、その「わからない」価値観が確かに世の中に存在している、それなら彼らに任せてみようか、任せてみたいと思ってもらうことこそ、この時の狙いだったのです。

結果的に、自主プレゼンを始めてから半年くらいかかり、無事に商品化が決定。一九八四年の年末に発売されることになります。

実はこの間に佐藤は電通を退社している。これほど熱心に取り組んでいた仕事と、会社員であることとの間には、希薄なつながりしかなかったということになる。それに広告にも未練はなかった。そこには、世代的な感覚があるようにも思える。

私は入社から約三年たった一九八四年の春、電通に退社届を出していました。そして溜まっていた有給休暇を使っている最中に、「ピュアモルト」の商品化が決まったのです。私はそもそも電通に入社が決まった当時から、長くて五年、早ければ三年くらいで辞める、ということを心の中で決めていました。そのことを、誰にも相談したことはありませんでしたが、私のなかでは、広告だけを突き詰めてやっていこうという意識はなかった。バンドもかなり本気でやっていましたし、他にもいろいろやってみたいと思っていました。広告会社のサラリーマンとしてだけ働くというイメージは、どうしてももてなかったのです。

ただおかげさまで、会社を離れても外部のデザイナーとして、この仕事を引き続き担当させてもらうことになります。その理由は簡単で、社内には引き続きこの仕事ができる人間がいなかったからです。つまりこの「ピュアモルト」が、私の独立後初めての仕事ということになりました。

商品化の決定後、フリーランスのデザイナーとなってから改めて細部をいろいろと詰めて、同年の年末に発売。その成果はなかなかのものでした。あまり宣伝していないにもかかわらず、狙い通り、若い人たちの間で非常に高い評価を得て、世の中に一気に広まっていきました。おかげで発売後間もなく、ニッカウヰスキーからピュアモルトの第二弾を出したいという依頼をいただきます。今度は「フロム・ザ・バレル」（一九八五年）という、アルコール度数が五一・四度と高い、個性の強いウイスキーを出すという、その一連の仕事も担当させていただくことができました。ちなみに、この「フロム・ザ・バレル」は、現代美術家のヨーゼフ・ボイスが広告に出てくれたことでも話題になりました。

ディレクションということ

ところで、今でこそコンピューターはデザイナーにとって必須のツールになっていますが、私が「Macintosh 128k」を入手した一九八四年当時は、これほど使われるようになるとは考えていませんでした。そもそも電通に勤めていた時代は、せいぜいコピー機とファクスがデザイナーが使う最新機器。とはいえ、まだカラーコピーもできず、拡大・縮小機能が使えるようになったものの、倍率も限定されているという程度です。あの頃はまだ、デザイン事務所でコンピューターを使っているところなど一つもなかったと思います。

ニッカウヰスキー フロム・ザ・バレル

そんななかでは、私は比較的早い段階でコンピューターと出会い、とても興味をもっていじり始めたわけですが、なぜか、どうにも性に合わない。一週間たったらホコリをかぶり始め、だんだんと見るのが辛くなってきました。しかもそうこうしている間に、次々と新しい機種が登場し、コンピューター本体のデザインも新しくなっていき、世の中のデザイン事務所にもどんどんマッキントッシュ（Ｍａｃ）が導入されていきます。そんななか、大げさにいえばトラウマになってしまいました。「僕にはコンピューターは向かないんだ」と。

ただ、新しくなったＭａｃがどのようなものなのか、どんなことができるようになったのか、そういうことは一通り知っておきたかったので、それなりに気を配ってはいました。ただし自分では触らない。だったらコンピューターが得意な人と一緒に仕事をすればいいんだ、と考え始めます。つまり、そこから「ディレクション」という意識が出てきました。なんでもかんでも自分ではやらなくていい。この時はっきりと「ディレクション」ということを意識し始めたのです。

電通時代には最初に、何でも一人でこなす、ものすごい能力をもったクリエイターである鈴木八朗さんの元で、その仕事ぶりを目の当たりにして勉強することができました。その後、一つのチームで、みんなが役割分担をしながら仕事を進めていくという経験もさせてもらいました。そのどちらにも「ディレクション」が充分に機能していました。その両方を、社会に出て、まず経験できたことが後々とても良い経験になったと思います。だからこそどちらを否定することもなく、必要に応じて対応することができる。全部一人でやれるという状況はつくっておくけれど、もっと素晴らしい人たちと組んで仕事をした方がよほどいい仕事ができそうだという時には、そうすることもできる。コンピューターを、自分のトラウマとは感じつつも、そこまで否定的にならずに済んだのにも、そういう経験があったからかもしれません。

佐藤は電通時代にクリエイティブな場面での「ディレクション」の力をまざまざと見聞してきた。ディレクション力とは、コンセプトワーク、デザインワーク、プロモーションワーク、コミュニケーションワークを束ねうる統合力のことを意味し、仕事の全体を前に進めてゆく大きな力となることが出来るものだ。佐藤は独立後、彼の「無名性としてのデザイン」を強固に支えてきたものが、じつはこのディレクション力の存在であったことは疑う余地がないだろう。

電通時代の知見ですが、ディレクション能力の高いクリエーターという人がいるものです。初めは、彼らの仕事というのは、私のように、美術大学なんかで一生懸命勉強してきた人間にとっては脅威に映りました。アカデミックな美術やデザインの勉強をしていないにもかかわらず、コミュニケーションのなかで、非常に力を発揮し始めた。「そういうやり方で、世の中は動くんだ！」と驚きました。すると、振り返って自分のことも考えなければならないわけです。アカデミックな造形力というのは、何のためになるのだろう、と。ただ、そういうことを含めて「これがすべてだとは思わない」「この方法が最善だと決めつけない」ということは、自分の考え方としては、自然と、身に付いているように思います。すべてを取り入れながら、ゆるやかに判断をしていこう、という感覚です。この感覚は私のディレクションのバランサーとなっているものでもあります。

ですから、たとえば私が提案したデザインに対して、クライアントの方が「こうした方がいい」というようにご提案をくださった場合には、まずは受け入れます。自分が考えていたこととまったく逆だったとしても、なぜそう思われたのか、お話をよくうかがって、納得できればどんどん取り入れていきます。最終的に良いものになればいいのですから、そのプロセスでさまざまな意見をいただくのはとても大切なことです。ただし、クライアントの意見だからといって、右から左へと取り入れてしまうようなことは、プロフェッショナルなグラフィックデザイナーの仕事ではありません。

デザインが「最終的に良いものになればいい」という無名性の絶対的価値観ともいうべき佐藤の決めつけない資質は、電通時代に目撃することになった数々の「極端さ」から派生したものではないか。電通ではクリエイティブな場面で突出した極端な才能が多くぶつかりあう。各々が極端だからこそぶつかりあうのだが、結果として良いものにしなければならない。極端さを最終的に良い方向に納める成り行きを佐藤は多々見てきたのである。認めるところは認め合う、聞くものは聞く、いいところは取り入れる。この納める成り行きこそ、最大のディレクション力によるものであり、最もセンスが要ることを佐藤は学んだのであろう。

5　デザインの解剖

佐藤は「デザインの解剖」と題したプロジェクトを展開する。これは私たちの身近にあり、よく見知っていると思っている大量生産品に「デザインの視点」からメスを入れ、そのパッケージデザインはもとより、その中身にあたる製品がどのように企画され、どのような原料を用いて、いかなる工夫が凝らされながら製造されているのか。さらに、その製品管理や流通がどのようなシステムを築いているのかまで追求するというものだ。これにより、誰もがよく見知っていると思っていた大量生産品にも、多くの知られざる側面があるということへの「気づき」を促してきた。なぜ、佐藤はこのようなプロジェクトをスタートさせたのか。それは彼が、大量生産、大量消費のなかで成長してきた経済、そして社会に対し、正面から向き合っているからだ。誤解を恐れずにあえて言うならば、多くのグラフィックデザイナーが顔を背け、時には「諸悪」とさえ見做して避けてきた「大量生産品のデザイン」に対し、佐藤はこれを是とした上で、大量生産品の持つべき資質、これをデザインとして設計してきたからに違いない。

「デザイン」の誤解を解く

二〇〇一年から「デザインの解剖」というプロジェクトをスタートさせました。その発案自体は一九九九年、ちょうど二〇世紀から二一世紀に変わる頃です。一般に二〇世紀は、大量生産・大量消費の時代として振り返られますが、自分でも不思議なことに、ちょうどそういうタイミングで、大量生産品を「デザイン」という視点から「解剖」してみようと思ったのです。しかし急に「デザインの解剖」というアイデアが立ち上がったわけではありません。それまでデザインの仕事をしてきた経験と、そこで考えてきたことが「デザインの解剖」という形で伝えられるのではないかと気づいた。それは、自分自身が仕事として携わってきた大量生産品そのものに対する興味であると共に、大量生産品が置かれている社会的な位置づけに対する問題意識、大量生産品を取り巻く「デザイン」の有り様や、一般に「デザイン」といわれる事象、言葉の使われ方などに対する違和感から発生してきたのです。

大衆消費社会から高度消費社会への潤滑油になったのが商品・製品の「デザイン」であった。デザインは消費されるもの、購買動機を煽るものと理解され、そのなかで、デザインは装飾や化粧を施す操作手法という域で捉えられがちであった。とくにデザインが製品間の差別化策として扱われた高度消費期にそれは顕著であった。一方で、モダンデザインの理念に基づく装飾性や様式性を排除し、機能美・構造美を追求するデザインも底流にはあった。とくにプロダクトデザインにこの流れは多く見られ、クルマや家電のデザインにモダンデザインのセオリーが反映されてきた歴史をもつが、この流れも消費が高度化・成熟化するにつれ、デザインが次第にエモーショナルになってくる事態は避けようもない。近年クルマのデザインもこの傾向が顕著だ。

近年「デザイン家電」や「デザイナーズマンション」という言葉が、当たり前のように使われています。私はこのことにとても憤りを感じています。わざわざ「デザイン」と言わなくとも、家電製品には必要なデザインが施されていますし、設計(＝デザイン)に基づかないマンションなどあり得ません。そうであるにもかかわらず、このような使われ方をしてしまうのは、「デザイン」が「オシャレ」で「カッコいい」ものだという認識が、広く一般に普及しているからでしょう。ですが、それは間違いです。デザインはあらゆるところに存在する。むしろデザインがなされていないものなど、ほとんどありません。

なぜこのことを強調するのかというと、デザインが「特別なもの」という認識は、逆に「デザインは必要ない」という誤解を生むことにもつながってしまうからです。本来デザインとは、意識する／しないにかかわらず存在しているうえ、デザインがなければ、どのような技術も情報も、誰にも届けることはできません。つまり、デザインは「目的」ではなく、目的を果たすためのプロセス、間を「つなぐもの」なのです。

先にも言いましたが、大量生産品のパッケージデザインが、デザインという視点から語られる機会はほとんどありません。誰もが日常的に接し、よく知っている「デザイン」であるはずのものが、「デザイン」として議論されていない。そのことがすでに、デザインというものを特別扱いし、誤解しているということでしょう。そして、デザインというものが誤解されているのなら、その誤解を解くのも、やはりデザイナーの仕事に違いありません。

こうしたデザインを巡る二つの認識が産業社会・消費社会の内に拮抗しながらあり続けてきたのだが、デザインの是正と振興と顕彰を主旨とする「グッドデザイン商品選定制度」（通称Ｇマーク制度）がデザイン専門家の目を通して行われてきた（一九五七年創設）。この二つのデザインの流れの舵取りをGマークが一定果たしていて、日本のデザインの「現在」を世に示してきている眺めにある。しかし「Gマークではメシは食えない」という意見も産業界の中から本音としてチラホラ聞こえてくるのも事実で、「デザイン」の誤解は根強くある。

こうしたデザインに対する「誤解」を解き、デザインとはどういうものなのかを広く知ってもらうためには、身近な大量生産品こそが、とても有効なツールになるのではないかと考えました。

私は美術大学の講師としてデザインに関する講義をすることもあるのですが、この時、学生を前にしてデザイン概論や、歴史的にデザイン上のエポックとされている著名なポスター、あるいはその作者の話をしてもあまり興味をもってもらえません。ところが、チューインガムや袋菓子などのパッケージデザインの裏話をすると、学生たちは俄然目を輝かせて、前のめりで話を聞いてくれるのです。彼らにとっては、日常でごく当たり前に触れているものの話なので、非常にリアリティがあるわけです。そんな様子を見て、大量生産品の話を入り口にすれば、広く、多くの人にデザインの話を届けられるはずだと思いました。ロッテのクールミントガムのパッケージ・リニューアルをした時と同じように日本地図が頭に思い浮かび、毛細血管のように張り巡らされた大量生産品の流通網に乗って、全国津々浦々、その隅々にまで、デザインの話が届く可能性がある、と思ったのです。

「デザイン」の適正な理解を、大量生産品を入口に、とする佐藤の着想はデザインが「産業」と「暮らし」を架け渡すものであることを改めて厳正に啓発してくれるだろう。

身近な大量生産品をデザインという視点から調べ直してみる。誰もが一番よく知っている外側、すなわちパッケージデザインから、どんどん内部に入り込んでいく。そのアプローチの仕方であれば、多くの人が、自分がよく知っていると思っていたものに、これほど未知の部分があったのだと気づき、好奇心が刺激されるのではないか。つまり、外側から内へ、内へと切り込んでいく、これは、まさに「解剖」という行為、人工物の解剖だなと気づきました。

また、私自身が各社でパッケージデザインやＶＩ、ＣＩをデザインしてきた経験から、大企業であればあるほどその仕事は縦割りの、専門分野に特化したものになっており、自社製品の全体像、その細部についてはほとんど誰も理解していないということもわかっていました。一つの製品を生み出すそれぞれの工程で、さまざまな工夫が凝らされているものの、それを一つの流れとしてすべてを把握することは、とくに大量生産品のようなものの製造プロセスではまず不可能です。しかしだからこそ、日本中、あるいは世界中に、多くの商品を安定的に供給する仕組みを築くことができているのです。ですから、自分たちがつくっているけれど全体としては把握できていなかった商品を「解剖」という形できちんと分析、説明してあげることができれば、企業にとってもメリットがありますし、存在価値のようなものが浮かび上がってくるはずです。こうした意図を理解してもらえれば、商品を「解剖」させて欲しいという少々大胆なお願いにも、企業側が協力してくれる可能性は高いだろうという感触もありました。

佐藤の「大量生産品」をデザインの解剖の視点から見直す、という大胆な取り組みが大量生産品に関わる多くの専門性をデザインの俎上に載せることを可能にした。

「グッドデザイン賞」が多数の専門家による外からのデザイン審査とするなら、「デザインの解剖」は佐藤個人による内に入り込んでいくデザイン探査となるものだ。大局的に見ればいずれも「デザイン」のあり方を社会に問う試みであることには違いない。

「モノ」に語らせる

二〇〇一年に、松屋銀座七階のデザインギャラリーで開催した「デザインの解剖」第一回目にロッテの「キシリトールガム」を選んだのは、私自身がパッケージデザインを手がけていますし、「クールミントガム」のリニューアルに携わって以来、長らくメーカーの方とコミュニケーションを築いていたということが一番の理由です。ロッテに企画をお話ししたところ、この意図をご理解いただき、快く協力していただくこともできました。

「解剖」をするにあたって、予め決めていたコンセプトがあります。それは、決して商品

「デザインの解剖 1: ロッテ・キシリトールガム」
(2001年3月21日〜4月16日、松屋銀座デザインギャラリー)
(Photo:Ayumi Okubo/parade/amanaphotography, 写真提供：日本デザインコミッティー)

の広告になってはいけない、ということです。具体的には、その製品の開発秘話を聞いて「こんな工夫があったんだ！」と感動しても、それを伝えるテキストでは「凄い」「素晴らしい」「面白い」などの修辞は決して使わない。主観は徹底的に排除して、事実のみを淡々と伝える。それによって「モノ」そのものに語らせる、ということです。

デザインを「モノ」に語らせる、という発想がデザインを文化人類学への領域に近づけさせる契機になるかもしれない。

そもそも解剖をしていくと、感動の連続なのです。食べ物なら、その味をどうするか、食感をどうするか、味や食感が時間によって変化していく時のその構造をどうするかといったことが、重層的に研究され、試行錯誤されて、一つの商品が出来上がっていく。そういった、ものすごい技術の積み重ねです。しかも私に言わせれば、これはまさに設計であり、デザインです。普段、研究者や開発者と呼ばれている人たちも、明らかに「デザイン」をしている。そんなことがわかってくると、本当に面白くて仕方がないわけです。しかしそのことを、解剖する側が主観的に伝えてしまうと、必ずどこかで上滑りして、本当に伝えたいことが伝わらなくなってしまう。ですから感情はグッと抑えて、事実のみを語る。この立ち位置をキープする、すなわち「トーン＆マナー」を徹底することは、最初から意識していました。

「デザイン」を科学としてのアプローチから解剖するためには「トーン＆マナー」はその根拠となるもので、不可欠なものになる。

この「トーン＆マナー」は、展示の方法としても徹底しました。なんといっても「解剖」ですから、空間のイメージは病院の手術室。青白い照明を使って無菌室のような雰囲気をつくり、感情や情緒的なものを一切排除するようにしたのです。中央には、解剖される「検体」であるキシリトールガムの巨大な模型を設置。その周囲には、解剖された部位と、それに関する詳細なテキストを整然と配置しました。普通なら、できるだけ多くの人の目を引くように華やかな演出をするところですが、そういう要素はありません。

それにしても展示空間は、デパートの一角にある誰でもフラッと立ち寄れるギャラリーです。何も知らずに訪れたお客さんには、ここだけがとても異様な空間に映ったのではないでしょうか。

デザインのメスは「仮説」

さらに「解剖」においては「トーン＆マナー」と同様に、気をつけるべき重要なポイントがもう一つあります。デザインという視点で「モノ」に切り込んでいく時に、可能な限り、こちらで予め想像して仮説を立てておき、その仮説と共に質問を投げかけるということです。つまり「ガムを噛んでいるとだんだん軟らかくなりますが、この硬さや時間も、調節しているのではないですか？」といった具合です。するとこの時は、よくぞ聞いてくれましたとばかりに「ガムの感触曲線」というグラフが登場しました。あるいは、もしもその仮説がまったくピント外れだったとしても、「そうではなくて、こうですよ」と丁寧に教えてもらうことができるのです。

じつはその「仮説」こそが、デザインを解剖するにあたって非常に重要なメスなのです。どこまで深く切り込むことができるかによって、見えてくるものはまったく違います。とくに研究や技術開発といった場面では、素人にはなかなか理解できない部分が多々あります。ですから、お話をうかがう相手も、私がどんな内容までを必要としているのかわからないし、そんなに細かい話をしても仕方がないと思っておられることが多い。そこで仮説というメスを深く入れなければ、この程度でいいんだな、と思われてしまう。もしもメスを深く入れすぎて、企業側が答えられない、答えてはいけないところまで達してしまったら、その時には「ここから先は企業秘密です」と、言っていただければいいのです。

最近は思いついたらすぐに質問する、すぐにネットで調べるという傾向が強くなっていますが、その前にまず想像する、そうして仮説を立ててみることは大切です。そのうえで成り立つコミュニケーションがあり、だからこそ、お互いにより深く理解し合うことができるからです。

対象の「モノ」を十分に観察し、想像し、そして仮説を立てる。そこから検証の糸口を探っていく。このデザインの解剖作業へ向かう事前検証態度は、基本的に「モノ」に即する科学的な推論アプローチを可能にしてくれるものになる。「デザイン」が初めて科学として解析されるエポックとなるものでもあった。

「キシリトールガム」については、私自身がパッケージデザインをする際にも、かなり深く、さまざまな話を聞いていたのですが、改めて「解剖」していくと、今まで知らなかった非常に面白い世界が次々と現れてきました。「ガムの感触曲線」には驚かされましたが、それどころか、メーカーの方でさえ気づいていなかったことも多々出てくるのです。たとえば解剖によって発見された部分や場面に、それを呼び表す名前がついていないことさえありました。私がクールミントガムのパッケージをデザインした際、じつはその「正面」は天面と側面を合わせた面であるということに気づきましたが、商品によっては、そもそも「正面」がどこなのかということが決まっていない場合もあります。つまり製造現場ではこれまで言語化されてこなかった。その場で作業にあたる人だけがわかっていればいいことには、他者と共有するための言語が不要だったのです。そんなことが、「解剖」してみて初めてわかってくる。「新たな切り口を与えると、誰も見たことのない情報が立ち現れてくる」ということを実感しました。

「必然」から「真理」を読み解く

「デザインの解剖」展は、「キシリトールガム」に続き、第二回目は富士フイルムのレンズ付きフィルム「写ルンです」、第三回目にタカラ（現・タカラトミー）の「リカちゃん」、第四回目には明治の「明治おいしい牛乳」と、ほぼ年一回のペースで、松屋銀座のデザインギャラリーで開催しました。

どれもが「デザインの視点」から大量生産品が内へ、内へと検索されてゆく。そのプロダクトビリティがデザインというフィルターから吟味されてゆく。こんなデザイン解剖法はこれまで全くなかったものだ。

第二回目に「写ルンです」を解剖することになったのは、富士フイルムの方をご紹介いただいたことがきっかけです。もちろん「解剖」のためには企業に全面的にご協力いただかなければならないので、その場で即決してくれたわけではありませんが、展示を見ていただいたことで意図が伝わり、無事にご協力いただけることになりました。

「リカちゃん」の場合は、たまたま別の場所で担当の方と知り合う機会を得て、間もなくリカちゃんが誕生三五周年という節目を迎えるということを知ったのでお話をもちかけ、しばらく社内で検討していただいた後、「解剖」の許可を得ることができました。

「デザインの解剖」では、毎回、解剖するプロセスで必然的に現れた、特徴的なヴィジュアルをポスターにしてきました。「写ルンです」ではカメラの断面図を、「リカちゃん」では、等身大に拡大したリカちゃんの頭蓋骨のシミュレーションモデルをポスターにしています。ただし、これらは、単に面白おかしく取り上げたものではありません。

「写ルンです」の場合には、富士フイルムの社員も、プロダクトデザイナーも見たことのない断面図をつくってみたことで、その内部構造がいかに必然に基づいた形としてつくられ、部品類が非常に効率的に配置されていることがわかりました。プロダクトデザインの

「デザインの解剖 2：富士フイルム・写ルンです」
（2002年5月15日〜6月10日、松屋銀座デザインギャラリー）
（Photo:Ayumi Okubo/parade/amanaphotography, 写真提供：日本デザインコミッティー）

説得力を端的に伝えるのが、この断面図だったのです。

一方、「リカちゃん」の頭蓋骨シミュレーションからもとても興味深い事実が判明しました。シミュレーションを骨学の専門家に分析してもらったところ、その造形は、実際の幼児の頭蓋骨に近いことがわかったのです。日本のキャラクターはリカちゃんに限らず、ドラえもんにしてもキティちゃんにしても、頭が大きくつくられています。それらの制作者は、可愛らしく見えるように、多分に感覚的なイメージを盛り込みながらつくった造形であるはずですが、そこには、とくに私たち日本人が「幼さ」を好むという傾向にあるという、深層心理が働いていたことがうかがえます。

これらのポスターに使ったヴィジュアルからだけでも、それぞれの商品がもつ、知られざる「真理」のようなものを感じてもらえたのではないでしょうか。

プロダクトデザインの必然性に切り込む

一九八六年に発売された「写ルンです」は、紙の箱にカメラのレンズとフィルムがパッケージされた簡易カメラです。コンビニや駅のキオスクなどで販売され、旅先などで突然写真が撮りたくなった時など、どこでも気軽に入手できたこの商品は、デジタルカメラも携帯電話の「写メ」もスマホもなかった時代、爆発的にヒットしました。それにしても、時代の移り変わりは早いもので、今やフィルムカメラ自体が市場からほとんど姿を消していますが、「デザインの解剖」を行った二〇〇二年当時は、まだデジタルカメラよりもフィルムカメラの方が一般的で、レンズ付きフィルムの「写ルンです」は、誰にとっても身近な大量生産品だったのです。

第二回、第三回は、第一回の食品とは違い、プロダクト製品になりました。しかも私自身がそれまで特別なお付き合いをしていた企業の商品ではありません。それだけに第二回目の「写ルンです」を解剖していくプロセスでは、初めて見ること、知ることが多く、感動の連続でした。商品そのものも、フィルムを使い切ったらそのまま現像所に預けて、後日、ネガとプリントだけを受け取るという、とても画期的なものでしたが、じつはその先のリサイクルまで、徹底的に考えられていたのです。

プロダクト製品の開発には、製造から流通、そして廃棄・回収、さらには再利用・再生までの道筋のプログラムが綿密に組み立てられる。それら全てのステージに「デザイン」が介在している事実を佐藤は認識する。

フィルムを抜かれたカメラ本体は、いわば現像所を一次集積所として工場に戻されます。そこで部品はバラバラにされ、再利用できるレンズは磨き直されて、再び新しい「写ルンです」に組み込まれます。傷がついてしまってそのままでは使えないレンズは、溶かして原材料に戻される。そういうことが自動的に行われる仕組みが築かれていることもわかりました。プロダクト製品に内包される必然性、内部構造、コストにいたるまで、非常に細かく、さまざまな工夫がなされていることをとても丁寧に、説得力のある言葉で説明してもらいました。

そのため（……と、言ってしまうのは言い訳ですが）、じつは「写ルンです」の解剖では、後で少し反省することになりました。初めて見聞きする「現場」があまりに興味深く、面白かったため、私が本来、メスで切り込まなければいけない部分を見失ってしまったのです。

プロダクトのもつ理論の強さに、デザインの解剖者としての立ち位置がブレてしまいました。

たとえば展示では、カメラのシャッターがどのようにつくられているかを分析して解説しましたが、本当なら「シャッターの感触」という項目も立てるべきだったのです。感触という切り口から、形との関係、押したシャッターが戻る時の構造、その時の反応の力がどのように設定されているのか、その基準はなんなのか……。いくらでも奥に、深く入り込むことができたはずです。ですがそのことには、後から気づきました。ただこの失敗により、その「ブレ」を認識することができたので、「デザインの解剖」で為すべきことが、だんだんはっきりしてきました。そして第三回の「リカちゃん」では、プロダクトに対する姿勢を立て直して臨みました。

プロダクト製品の「デザインの解剖」はとかく、エンジニアリングの壁が立ちはだかってブラックボックス化しやすい事態に陥る。それを感性豊かな生活者視点から切り込んでいくところに、佐藤流「デザインの解剖」の切り口の面白さがある。この面白さが、エンジニアリングをデザインとして読み解いていく手掛かりにもなっているのだろう。

「デザインの解剖」プロジェクトでは、とにかく製造の現場、工場にうかがわなければ話が始まらないのですが、「リカちゃん」の時にも、そこで見るもの、教えてもらうことは興味の尽きないことばかり。たとえば、身体をつくっているパーツはどのように構成されているのか、またその素材は何なのか、誰もがよく知っていると思っていた「リカちゃん」の、誰も知らなかったことが次々と立ち現れてきました。また、着せ替え人形である「リカちゃん」には服やアクセサリーなどの小物もパーツとして存在していますが、これらには、万が一小さい子どもが口に入れたり、飲み込んでしまったりした時の安全対策がとられていることもわかりました。

いずれにしても、第二回、第三回のプロダクト製品を通じてとくに感じたことは、大量生産品がいかに、パーツごとにバラバラに、世界中に散らばってつくられているかということでした。小さなパーツが地球上に張り巡らされたネットワークでつながっており、そのネットワークを集約することで、やっと一つの商品がつくりあげられる。地球の上を覆う毛細血管のような細い根っこのうえに、一つの商品が立ち上がっているといったイメージが思い浮かびました。要するに、デザインとは単にモノをつくることではなく、社会のインフラでもあるのです。

高度にプロダクトされたものの「デザインの解剖」でデザインが社会のイ、ン、フ、ラであるという「産業と文化」の実相が図らずも顕在化した。

「デザインの解剖」には、解剖される商品をつくっている企業の社内啓発的な役割もある。デザインのメスで解剖されることによって、まず、自分たちのやっている仕事も「デザイン」という領域に含まれるという理解が生じる。このことは、佐藤が懸念するデザインの誤解、つまり、狭い意味での「デザイン」(オシャレでカッコいいものがデザインである)という概念を打ち破る。それと同時に、デザイナーは、これまで行ってきた仕事の「理論化」と「再整備」を行うことになる。ここには、共に学び、共に創り、共に育てるという共創・共育のデザインという姿勢が築かれる。さらに「デザインの解剖」という展示によって広く一般に伝達することは、企業にとっては、いわゆる「広告」とはまったく異なる、新しい形のコーポレートコミュニケーションになっていく。それは、信頼の伝達方法でもある。

「デザインの解剖」展では、図版に加え、膨大なテキストが制作されるので、これを書籍化してきました。ただ、第一回の「キシリトールガム」の時には、とにかく展示をつくることに精一杯で、展示内容を本にすることに、思い至っていませんでした。展示を見た方々から「これをまとめた図録はないのか？」とたくさん問い合わせをいただき、「そういえば、本にするための材料は揃っているぞ」と気がついたような次第。ですから、第一回だけは後から書籍化しましたが、第二回目からは展示と一緒に本をつくるようになります。実際、展示会場だけで、そこに書かれている膨大な情報量をもつテキストを読むのはなかなか大変なわけですが、「解剖」による調査結果を本にして残すことも「デザインの解剖」では重要な意味をもつ、ここまで含めて、「デザインの解剖」というプロジェクトだという位置付けになりました。

「デザインの解剖」の書籍化は「モノ」であるデザインに立ち向かう匿名な視点と探査とを記

書籍『デザインの解剖』

録していくところに価値が認められる。この書籍化を介してデザインが織り上げられている相を極めて客観的に示すことができた。「デザインの解剖」は書籍化までをもプロジェクトの領域としている。

大量生産品のもつ社会的な意味

第四回目の「明治おいしい牛乳」を解剖したのは二〇〇三年。つまり、商品が世の中に出て約一年半後ということになります。この時にも明治の方が「解剖」の主旨を非常によく理解してくださり、通常の広告宣伝とは違う形で、自分たちのものづくりの姿勢が世の中に伝わる、これにはとても意味があると賛同してくださいました。

しかも「デザインの解剖」展を全国に巡回させたいという申し出もいただき、その費用も明治がすべて準備してくれる形で、銀座松屋での展示の後、福岡、松山、仙台、名古屋、再び東京に戻り、今度は森美術館の森アーツセンターギャラリーでの開催という形で巡回が実現したのです。さらには、この巡回展が呼び水になる形で、二〇〇四年に群馬県の高

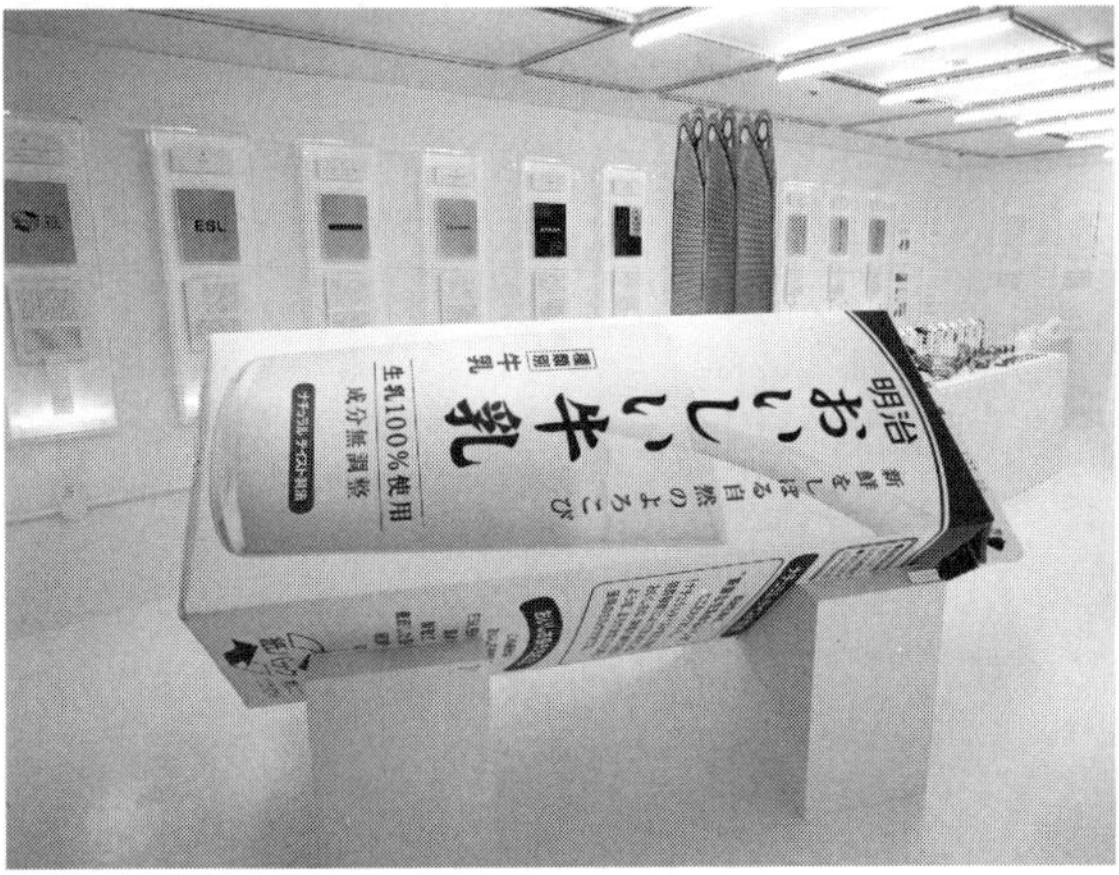

「デザインの解剖４：明治乳業（現・明治）明治おいしい牛乳」
（2003年８月13日～９月８日、松屋銀座デザインギャラリー）
（Photo:Ayumi Okubo/parade/amanaphotography, 写真提供：日本デザインコミッティー）

崎市美術館で過去三回の展示も含めた「デザインの解剖」展を、二〇〇六年には茨城県の水戸芸術館現代美術ギャラリーで佐藤卓展「日常のデザイン」として、他の展示も含めた展覧会を開催する機会をいただくことになりました。

この他にも、東京・六本木のアクシスギャラリーで開催された「なんなの？ A-POC 三宅一生＋藤原大」展（二〇〇三年）で、ファッションブランドISSEY MIYAKEで出している「A-POC」というシリーズを代表する「バケット」というニットの解剖を行いました。これは、それまでの解剖展を見ていただいていた、デザイナーの三宅一生さんの事務所の方からお声がけいただいたことがきっかけで実現した展覧会です。

ただこの頃には、「デザインの解剖」という手法が一つ確立できたという手応えも得ていましたし、そこから見えてきたさらなる課題などもあって、この後展覧会はいったんお休みして、別の方向へと広がっていくことになります。三宅一生さんとの出会いを得たことで、その後、東京・赤坂にあった防衛庁本庁檜町舎跡地に誕生することになる東京ミッドタウンの、その一角に計画されているデザインのための施設計画、つまり、現在の「21_21 DESIGN SIGHT」のお手伝いをスタートすることになったことも関係しています。

ちなみに「21_21 DESIGN SIGHT」では、二〇一六年末から翌一七年まで、企画展「デザインの解剖展：身近なものから世界を見る方法」として、これまでの「デザインの解剖」の展示に加え、明治の協力も得て「きのこの山」「明治ブルガリアヨーグルト」を含む五つの製品を加えた展覧会を大々的に開催することもできました。

この頃には、方法としての「デザインの解剖」が一定確立をみた。

じつは二〇一六年は、明治の創業一〇〇周年という節目でもあったため、展覧会にご協力いただくための予算をつけていただくという意味でもタイミングが合ったのです。なお、新たに解剖した五つの製品は、明治とディスカッションしながらもこちらが主体となり、できるだけ異なるカテゴリーから選定しました。明治としてはどんな製品にも思い入れがあるため、自分たちだけで選ぶことは難しいのです。それは解剖をする時にも同じです。切り口を決め、内容を決定していくのも基本的にこちらが主体。それだけに責任もありますが、そこが解剖者としての腕の見せ所でもあるのです。

21_21 DESIGN SIGHT 企画展
「デザインの解剖展：身近なものから世界をみる方法」
（2016年10月14日〜2017年1月22日、21_21 DESIGN SIGHT）
（Photo:Satoshi Asakawa）

「21_21 DESIGN SIGHT」で開催した「デザインの解剖」は、展覧会ということでは一〇年以上の歳月を経て、再び開催されたことになります。ただしこの間、デザインの解剖の応用という形でいくつかのプロジェクトを行ったり、講師としてかかわっていた武蔵野美術大学デザイン情報学科での教育プログラムの一環としても、さまざまな商品の解剖を続けていましたので、分断されていたという感覚はまったくありません。

佐藤が「デザインの解剖」を通じて行っているのは、デザインは、あらゆるところに存在するということの実証であり、デザインという既成概念を根本から見直すことを迫る試みだ。つまりここからわかるのは、デザインとはジャンルではなく、真理だということである。

21_21 DESIGN SIGHT

二〇〇七年三月、東京ミッドタウンのオープンと共に、その敷地内に、建築家・安藤忠雄さんの設計でつくられた「21_21 DESIGN SIGHT」もオープンしました。私は、デザイナーの三宅一生さん、プロダクトデザイナーの深澤直人さんと共にディレクターに就任、アソシエイトディレクターとしてデザインジャーナリストの川上典李子さんも加えた四名が中心になり、その運営を担当することになりました。

創設された21_21 DESIGN SIGHTの運営への参画は、佐藤に大きな転換をもたらすことになる。

この施設が構想されたきっかけは、遡ること約二〇年、一九八八年にニューヨークで開催されたイサム・ノグチ展でイサム・ノグチさん、安藤忠雄さん、倉俣史朗さん、三宅一生さんが、デザインのためのミュージアムの必要性を語り合ったことに始まります。その後、二〇〇三年に三宅一生さんが、グラフィックデザイナーの田中一光さんが急逝したことを受けて「造ろうデザインミュージアム」と題する記事を朝日新聞に寄稿。この記事での呼びかけに、当時、東京ミッドタウンを計画していた三井不動産が賛同し、具体的な計画がスタートしたのです。

「A-POC」展の開催後、ISSEY MIYAKEブランドの香水のパッケージデザインや、三宅一生デザイン文化財団のＶＩなどの仕事にも携わるようになっていた私は、ある日三宅さんから、仕事とは別に相談があると言われて深澤直人さんと共に呼ばれ、デザインミュージアムの構想についてお話をうかがいました。それはとてもワクワクするような内容で、私たちはその場で、どれくらいお役に立てるかわかりませんが、ぜひ参加させてくださいとお伝えしたのです。以降、私たちは定期的にミーティングの場をもち、安藤忠雄さんが着々と進めている施設の設計プランを見ながら展示のイメージを膨らませ、デザインミュージアムとは斯くあるべきかを話し合い、基本的なコンセプト、ネーミングなど、実現に向けての話し合いを重ねていきました。

ネーミングについては、もちろんさまざまな検討がなされました。「21_21」に似た言葉に「20/20 Vision (Sight)」という言葉があります。これは「正常な視力」を意味し、転じて、正常な判断、洞察力といった意味で使われています。これを参照しつつ、私たちは「20/20」のその先を、デザインの視点で見てみようという意味を込めて「21_21 DESIGN SIGHT」という名称に決定しました。また、21と21の間をスラッシュではなく、アンダーバーにし

21_21 DESIGN SIGHT（上）
（Photo: Masaya Yoshimura/NACASA&PARTNERS.Inc.）

たのは、パソコンや携帯電話でも表示しやすく、他にはあまり例がない表記ということで選びました。

私はこのシンボルマークづくりも担当しましたが、金型で「21_21」という文字が立体的に盛り上がるプロダクト、まさしく住所表示板のようなプレート型のシンボルマークを提案しました。それは、ここがデザインの「場」に他ならないと考えたからです。

さらに「DESIGN SIGHT」、つまり「デザインの視点」という表現から、アンダーバーでつながる21と21の配置は人の目の幅になる大きさとしています。このシンボルマークがデザインのメタファーとなり、どんなもの、どんな場所でも、デザインの視点から見つめ直してみようという意味も込めています。

こうしてオープンした21_21 DESIGN SIGHTの開館記念の展示は、この施設そのものについてです。安藤忠雄さんが行ってきた建築のプロセスを、建築そのものをデザインとして紹介するという意図で展示を行いました。

本格的な第一回企画展は、深澤直人さんのディレクションによる「Chocolate」展です。じつはこの展示は、21_21の開館に向け、三宅一生さんと共に何度も打ち合わせしてきたなかで、三宅さんが長らく一緒に仕事をしてきた写真家アーヴィング・ペンの作品「Chocolate Mouth」を見せてもらったことに触発された企画でした。私たちは三宅さんからアーヴィング・ペンのいくつもの作品を見せてもらい、それらの写真から多くの刺激を受けながら、日本初のデザイン施設の実現に向けての話し合いを繰り返してきました。その話し合いのなかで、世界中の誰もが大好きで、神秘的な歴史をもつチョコレートをテーマにした展覧会が面白いものになるのではないかというアイデアが醸成されていったのです。

この時の「Chocolate」展は、多くのデザイナーやアーティストが参加したワークショップを開催しながら、人類にとってチョコレートとは何かを問いかけるといった、オリジナリティ溢れる、第一回目にふさわしい展覧会となりました。

第二回企画展として開催したのが、後に「クリンスイ」との出会いにつながる「water」展です。身の回りに当たり前に存在している「水」の、表層的に見えている部分からその深部にまで切り込んでいくという「デザインの解剖」の手法を活用しながら、「水で世界を見てみる」をテーマとした展覧会を開催しました。

21_21 DESIGN SIGHT 企画展「water」
(2007年10月5日～2008年1月14日、21_21 DESIGN SIGHT)
(Photo: Masaya Yoshimura/NACASA&PARTNERS.Inc.)

21_21 DESIGN SIGHTは開館以来、今年（二〇一七年）で一〇年が経ちました。これまでにもたくさんの展示を行ってきましたが、それぞれが、既存の美術館や博物館で行われてきた展示とはひと味違う、世の中の事象を「デザイン」という視点から掘り下げていく独特なものになってきたという自負はあります。ある意味、私たちディレクターもスタッフもみんな、美術館をつくりあげる時のセオリーやノウハウを知らない、いわば素人だったということも関係しているかもしれません。既成の概念にとらわれず、一から学び、そして独自につくりあげてきた結果、その熱意を感じていただける展示になってきたのではないでしょうか。

なお、一〇周年を契機に、21_21としてはこれまで設置してこなかった、館長という役職に、私が就任しました。今年三月三一日には、新たなスペースとなる「ギャラリー3」も開設されています。今後いっそう、21_21 DESIGN SIGHTのコンセプトである「デザインの視点でさらに先を見通す」活動を展開できるよう、尽力していきたいと思っています。

時代と社会の様相が大きく変わりだしてきた「今」、多様性を受け止め、共生していく社会を作り出すためにこそ「デザインの視点」を最大に駆使して心の寛容さや「共感するヒューマニズム」（槇文彦）への気づきを創出する機会が強く期待される。

それらこそデザインが担うべき役割なのであるから。

6　デザインの解剖から見えてきたもの

干し芋から、宇宙を見る……「ほしいも学校」

「明治おいしい牛乳」の「デザインの解剖」巡回展から派生する形で、二〇〇六年に水戸芸術館現代美術ギャラリーで開催した佐藤卓展「日常のデザイン」では、これを契機として、「デザインの解剖」の応用ともいえるプロジェクトが誕生しました。それが「ほしいも学校」です。

地域の産品が初めて「デザインの解剖」から検証される。

「日常のデザイン」という展覧会を開くといっても、私の普段の仕事はすべて世の中に出ています。改めて会場に並べても、あまり面白くないだろうと思いました。そこで、せっかく茨城県の水戸市という地域で開催するのですから、何か地域と関連のある新しいプロジェクトを立ち上げ、そのプロセスを展示としてご紹介すると共に、展覧会の初日には何かしらの商品が完成していて、ミュージアムショップで販売できるようにしたいと考えました。水戸といえば納豆が有名ですが、水戸市と隣接する、ひたちなか市及び東海村を含むエリアは干し芋の産地としても有名です。じつはこのエリアでつくられる干し芋が、全国シェアの約八割を占めているというほど。そこで納豆と干し芋で、それぞれ地元のメーカーさんとコラボレーションしながら商品開発をし、そのプロセスを展示することにしたのです。

さらに、これらの商品は展覧会が終わっても地元に残るようにしたいとも思いました。展覧会をきっかけに、地域の産業にも何かしら貢献できるのではないかと考えたのです。結果、それは私にとってもなかなか有意義な体験でしたが、展覧会でも好評を得ることができました。

すると展覧会後しばらく経ってから、私の事務所に、茨城県で干し芋の生産にかかわられている方と、商工会議所、行政の方も一緒に来られて、何か商品開発を一緒にできないだろうかというご相談を受けたのです。お話をうかがっている間、では何ができるのか、改めて考えていたのですが、再びなんらかの商品開発を行ったとしても、もしかすると、生産者、あるいは問屋さんにしても、一部の方々のためにしかならないのではないか、と思いました。皆さんがご相談に来られたのも、干し芋と、その原料であるさつま芋、農業の後継者問題を始めとする地域の課題が山積していたからです。それなら地域全体が、干し芋の産地として盛り上がる仕組みをつくった方がよい。そんな風に思いながらお話を聞いていると、瞬間的に「学校」はどうだろう、と思いつきました。しかもその時には「ほしいも学校」というロゴが、すでに頭の中に浮かんでいました。ひらがな四文字、漢字二文字、「おいしい牛乳」と同じ並びなのですが、それがパッと思い浮かび、その場で、「ほしいも学校」をやりませんか、とご提案しました。

「デザインの解剖」が「学校」という開かれた場を開設することによって、生産者（供給者）と消費者（使用者）とをつなぐ機会をもつようになっていく。共に学んでいくという基盤づくりに「学校」は貢献していくことになる。

「学校」と言っても、何か建物をつくるのではなく、生産や流通に携わる方々、また干し芋のファンである消費者が情報交換をできるような「場」。それはホームページでもいいし、フェイスブックでもいいのですが、プラットフォームのような「場」です。時には、ワークショップやイベントを企画して、リアルに集えるような場をつくってもいい。とにかく干し芋という商品の魅力を、もっと伝えられる場が必要だと思いました。ですから「干し芋を通じて宇宙を見ましょう！」とも、その時には話していました。

これは私にとってはまったく大げさなことではありません。干し芋の原料であるさつま芋は、大地の、土の中で育ちます。葉は太陽光を浴びてこれを育てる。雨水だって大切です。また、その芋を干して乾燥させ、「ほしいも」という商品がこの地域に成立したのは、この土地の自然環境がそれに適していたからです。それはまさに地球環境、ひいては宇宙とつながっているということに他ならない。また農業はもちろん、芋を加工して商品にして、流通させせる過程で加わる人の営みもまた、それと同じことで、結局は宇宙とつながっている……というようなことを、私はとても力を込めて語りました。ただ、打ち合わせの初日ですし、皆さん、もっと具体的な話のつもりでやってきたわけですから、キョトンとして、呆然としたような感じで、その日はとりあえずお帰りになりました。ですが持ち帰って検討されて、ぜひやりたい、と。そうおっしゃってくれたので、チームをつくり、まずは徹底的に干し芋を調べましょう、ということになったのです。

生産者はおいしい干し芋のつくり方について、経験的に知っています。ただ、なぜそうなるのか、科学的な根拠についてはまったくわからない。それはさつま芋農家の方も同じです。たとえば、山の斜面の南側と北側では芋の味が違うという。ではその理由はなんなのか。陽射しは、土は、どのように影響しているのか。さらに、さつま芋を蒸して干すとなぜ甘くなるのか、この甘さはどこから来るのか。あるいは、芋を食べるとおならが出るけれど、その理由はなんなのか、身体のなかで何が起きているのか。そんな風に、今までなんとなく当たり前だと思っていたことも、突き詰めていくと、わからないことだらけでした。そこで、チームのみんなで芋の品種を研究している農業試験場へ行って話を聞いたり、芋とおならの関係については誰に聞いたらいいのか、調べて取材に行ったり。この時には、すでに「デザインの解剖」のノウハウが蓄積されていましたから、自然とその手法を活かして、干し芋を解剖していったのです。もちろん、調べた内容は本としてまとめていきます。結果的にこの本は、厚さが四センチにも及ぶ分厚いものになりました。

私には干し芋の「デザインの解剖」からは、建築家・塚本由晴（東京工業大学大学院教授）の窓学研究「窓の仕事学」（東京工業大学 塚本由晴研究室編『WindowScape3 窓の仕事学』フィルムアート社、二〇一七年）が連想される。

それは、日本の職人たちの仕事場とそこの窓に注目した研究である。そこで生産されるものとしては、干し柿、湯葉、和紙、陶器、染物、菓子などが取り上げられ、風を採り入れたり、湯気を掃き出したり、湿度をコントロールしたりと、窓のファンクショナルな役割を検証している。

この研究は明らかに日本の産業文化の人類学的探査となるもので、干し芋の「デザインの解剖」との共通的な視座をそこに感じるものだ。

また地元では、プロジェクトが始まっていることを多くの方々に知ってもらうため、何度もシンポジウムを開催し、活動への協力を呼びかけました。同時に「ほしいも学校」のプラットフォームをつくり、「場」も準備していきました。

「解剖」をまとめた分厚い本と干し芋を「ほしいも学校」の商品として販売することは、最初から決めていたことです。一つの箱の中に、右側には干し芋を二袋、左側には本を入

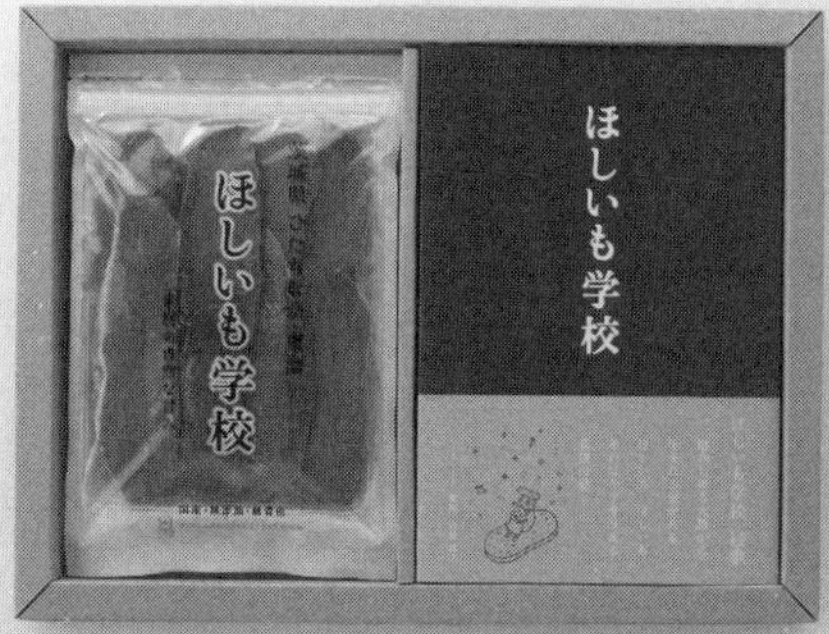

ほしいも学校

れるという、本と食べ物がセットになった商品です。ただ、最初にこれをご提案した時には、これをどこで売るのかということが課題になりました。書店で売るのか、青果店で売るのか、売り場もわからない、と。ですが、だからこそ面白いし、新しい試みとして興味をもってもらうことができるのです。結果、売り方としてはインターネット上の「ほしいも学校」のホームページからの直売と、茨城県内の一部の道の駅などで地域の特産品として販売する、さらにイベントの開催時などに物販として販売するかたちとなりました。現在は、このセットの販売は休んでいますが、販売当初から多くの方に興味をもってもらい、なかなか好評を得ることができました。

「ほしいも学校」は、活動を継続的に行っていくことを目指して、二〇一三年に一般社団法人になっています。法人になる少し前から、年一回の「ほしいも祭り」と称する地元のお祭りを開催し始めたほか、フェイスブックを中心に情報を発信し、干し芋をテーマにしたエコツーリズムなど各種イベントを開催するなど、なかなか面白い活動を精力的に展開しています。

ちなみに、地域での活動ということではこの他に、四国の真穴みかん、美濃焼のブランディングプロジェクトなど、地域の特産品を通じたまちづくり的な活動を少しずつお手伝いしています。地域の活動にデザイナーがかかわることは、最近では珍しいことではありません。ですが、デザイナーがちょっとかかわって自分のデザインしたものをつくったら終わりという、残念な関係にしか至っていないケースが少なくありません。しかし地域の活動には、長くお付き合いする覚悟が必要です。地域にはそれぞれ固有の、さまざまな課題があって、それらが複雑に絡み合っています。当然、安易に解決できることではありません。私にできるのは一緒になって悩んでみることだけです。ところが私は外部の人間なので、地域が昔から抱えるしがらみや利害関係から離れたところから、案外、解決の糸口を見つけ出せることもあるのです。

地域の産品に「デザインの解剖」を向けることによって、生産者サイドにも新たな発見が生まれ、商品開発や地域おこしなどへの中・長期的なかかわりを共創・共育していく資質を整えることができるのではないか。

子どもの時から本物のデザインに触れる……「デザインあ」——

二〇一一年四月から、NHKのEテレ（教育テレビ）で放送がスタートした「デザインあ」も、表現は異なりますが「デザインの解剖」から展開した番組と言えます。タイトルの「あ」とは、五十音の最初、ものごとの始まりという意味であると共に、何かを発見した時、思いついた時に自然と発する「あ」という音、気づきの「あ」です。この一文字に番組への想いを込めました。

「デザインの解剖」での知見から、子どもたちへのデザイン教育の道筋を考えるようになる。

NHKのEテレとは、二〇〇三年に始まった「にほんごであそぼ」という子ども向けの一〇分番組に、アートディレクターとして参加して以来、お付き合いが続いています。

私は、映像のディレクションという意味ではまったくの素人ですし、そもそもテレビ番組でグラフィックデザイナーを起用することなど、これまでにも例のないことだったそうです。ただ、だからこそ何か新しい試みとして、私にもできることがあるのではないかと思い、参加させていただくことにしました。

「にほんごであそぼ」のアートディレクターとして何より心がけてきたことは、子ども番組とはいえ、大人が思う「子どもっぽさ」はつくらない、子ども向けのデザインをせず、それでも興味をもってもらえるような内容をつくっていく、ということです。たとえば、日本語の番組なので、必ず画面にもその言葉が文字として出てくる。その文字だけでも印象的な番組にした方がいい、質の高いものを提供した方がいいと思ったので、番組用の文字をつくらせてくださいとお願いしました。

また、文字と同様にスタジオのセットや登場人物の衣装も、子どもたちの興味を引き、かつデザイン的に優れたものを提供することが重要だと考えました。最初は、セットは私がつくろうかとも考えていたのですが、セットと衣装は同じコンセプトでまとめて一つの空間をつくった方がいい。そもそもアートディレクターという役割は、なんでもかんでも口出しをして、すべて自分でやるという仕事ではありません。一番良い状況を見つけて、まとめていく仕事です。そこでセットと衣装は、コスチューム・アーティストのひびのこづえさんにお願いしました。ひびのこづえさんとお仕事をするのは初めてでしたが、舞台衣装の分野を中心に、とても独創的で優れたお仕事をいくつも拝見していましたから、ぜひお任せしたいと思いました。

ただし、もしかすると見ている子どもたちは、番組で紹介されている「ことば」も、デザイン的な意図も、その時にはわからないかもしれません。ですが、できる限り質の高いものを与えていけば、それがいつか「本物」のもつ価値に気づく種になるに違いないと考えたのです。

このように「にほんごであそぼ」でも、質の高いデザインを提供したいという想いで番組に携わってきたのですが、そのなかで、やはり「デザイン」そのものをテーマにした子ども向け番組も必要なのではないかと考えるようになりました。ＮＨＫのプロデューサーも「デザインの解剖」展を見てくれており、こういったデザイン的な視点からの子ども向け番組をつくりたいという意向をもっていてくれました。ただ、デザインというものは、ある程度、社会への理解があって初めて意味が理解できるものです。それを子どもに見せて、理解できるのかという疑問は、当然ありました。しかし、そもそも教育というものは、わかる範囲のものだけを与えることではありません。わからないけれど、子どもの時から触れておく。つまり、刷り込んでおく。するといつか、理解できる時がやってくる。教育にはそういう側面もあるはずです。

私はデザインとは、一言でいえば「気を遣う」ということだと考えています。先々のことをシミュレーションして、今やっておかなければならないことを為す。だとすれば、「デザイン教育」は、何もデザイナーを育成するためだけに役立つものではありません。子どもたちが大人になって、どんな仕事についたとしても、役に立たないことはないはずです。じつは、デザインマインドが必要のない職場、人間関係などないのです。ある種の美意識をもつことはもとより、どうすればストレスなく物事を動かせるのか、どうすれば優しく人に伝えられるか、そういうことはすべて「デザイン」だからです。私はこのことを、「デザインの解剖」をやってみて本当に実感しました。どんな些細なところにも、必ずデザインはあったからです。

「デザイン」に込められた「気配り」や「気を遣う」こと、つまりデザインマインドを子どもたちに気づかせるという佐藤のデザインの教育アプローチは、はるかモダンデザインがデザインの教育として示したもの、デザインの普遍性の根拠となる機能主義や視覚優先主義への教育アプローチが、理性・合理から感性・配慮に向かわざるを得ないのも時代の要請なのかもしれない。

一方で、私がお付き合いしてきたさまざまな企業やメーカー、そこで働く方々は、アカデミックなデザインの勉強はしてきていないかもしれない。けれど、自社の商品パッケージやＣＩ、ＶＩを最終的に判断するのはそういう方々です。その時、何か判断する基準をもてるかどうかで、コミュニケーションをはかったり、物事をスムーズに運ぶ場面での対応が、大きく異なるのではないでしょうか。特別にデザインの勉強をしていなくても、子どもの時に自然と本物のデザインに触れておく。そのことによって、潜在的にでも育まれる感性や知識は、将来必ず発揮されるはずです。

こうした「デザイン」の役割については、ＮＨＫのプロデューサーともずっと話し合ってきていました。なんとかデザインの子ども向け番組を実現したいと、企画書をまとめ、社内でのプレゼンテーションを何度か試みてもらいました。番組を一つ実現するのはなかなか簡単なことではありませんでしたが、熱意をもってプレゼンを繰り返してもらった結果、二〇一〇年にパイロット版の放送にこぎ着け、翌一一年にようやくゴーサインが出て、同年四月から毎週土曜日の朝七時、一五分番組として放送開始することが決定したのです。

本格的に放送が開始されるまで、あまり準備期間がありませんでしたが、この番組は、映像と音楽が重要なポイントになると考え、映像監督にインターフェイスデザインの第一人者である中村勇吾さん、音楽はコーネリアス、つまり小山田圭吾さんにお願いし、私との三人体制でNHKエデュケーショナルのプロデューサーと共に中心的な骨格をつくっていくことになりました。そこに毎回、若い優秀なクリエイターにも参加してもらう。そうして、子どもたちが「デザイン的な視点と感性を育む」ことをコンセプトにした、番組をスタートさせることができました。

おかげさまで「デザインあ」は、放送開始以来じわじわとその認知度を高めていくことができました。コーネリアスの手がける音楽はCD化され、番組内の「解散！」という、身の回りのものを分解してその構造を見る、コマ撮りアニメのようなコーナーが人気となり、絵本を制作することもできました。二〇一二年には、番組が「グッドデザイン賞」の大賞も受賞。さらに二〇一三年には、21_21 DESIGN SIGHTで「デザインあ」展（二月八日〜六月二日）を開催することにもなりました。

NHKでは、自社の番組をこのような展覧会にするのは初めてのことだったそうです。ですがこの時には、会期中に約二二万五〇〇〇人もの方々が訪れてくれました。テレビ番組の影響力を実感すると共に、デザインに興味をもってくれる子どもたちや、その親御さんたちが増えているのかなと、この時は、とても頼もしく感じました。

なお、その翌年の二〇一四年四月からは、月〜金曜日の朝七時二五分に、五分版の「デザインあ」もスタートしています。子どもたちへのデザイン教育、その「継続」が力になることが実証されるまでは、もう少し時間がかかると思います。ですがその日がくることを私は信じています。

感性を覚醒させる

かつてデザイナーの先輩から、「デザイナーは感性の仕事だ」と言われたことがあります。確かに、そういう面はあるかもしれません。感性を的確に捉えて、必要な物事に変換していく。その能力に長けた人がプロフェッショナルなデザイナーなのだと思います。ですがその言葉の背景には、感性をもっているのは「デザイナー」であり、それ以外の人に感性はない、という意味が含まれていました。しかし感性とは感受性です。感受性をもたない人などいるはずがありません。同じように、感性が必要のない仕事などないはずです。

かつて中村雄二郎が『感性の覚醒』（岩波書店、一九七五年、同時代ライブラリー一九九七年）の中で、近代的な理性によって、人の感性が抑圧され追いやられていく歴史があることを指摘した。そして佐藤は「デザインの解剖」を通じて「感じる力」を養うことを目指している。このことは、「デザインの解剖」第一回を開催した直後、二〇〇三年からスタートする「にほんごであそぼ」、それに続く「デザインあ」という、子ども向けの番組に端的に現れる。それはデザインがもっている包容力を、あまねく伝えようとする試みだ。佐藤は子どもたちに本来的に備わる感性に蓋《ふた》をせず、各自の感性をさらに豊かにふるまえるようにしようとする。感性は感性でしか触発できないのである。

ただ、社会性を身につける、すなわち物事を概念化することができるようになると、感性を使わなくても生活ができるようになっていくことは確かです。何らかの事象を概念化し「こういうものだ」と判断することは、物事を効率よく進めていくためには必要なことだからです。しかし「こういうもの」と判断された事象との関係は、そこで閉ざされてしまう。それ以上入り込んでいく機会がないため、この奥に何があるのだろう、見えないところで何が行われているのだろうという想像力を使わなくなっていく。その態度が当たり前になるにつれ、本来備わっている感性が眠ってしまうのです。

ですが、たとえば旅先などで眠っていた感性が蘇るという体験をしたことのある人も多いのではないでしょうか。普段は、たとえ早起きをしても気に留めていなかった朝焼けを眺めて、とてもきれいだと感じたり、鳥のさえずりに耳を澄ませたり。普段とは違う非日常の空間に投げ出された時に、眠っていた感性が覚醒する、蘇生してくるのを感じることがあると思います。もともと人間という動物に備わっていた感性は、どんなに都会生活が長く、ずっと使っていなかったとしても、失われてしまうことはない。人類の長い歴史で育まれてきた機能がそう簡単になくなってしまうはずはありません。

その眠っている感性をいかに蘇生、覚醒させることができるかに、デザインが果たす役割があると思います。私は、それが「豊かさ」ということにもつながってくるのだと考えています。現代社会では、豊かさの指標は経済のみに偏っています。その状況を打開したい。ただし、単純に経済を対極的に考えてしまうのではなく、経済と共に感性が両立する社会を同時に考えていくべきです。

大量生産品という、経済とは切っても切れない商品と、そこに内包されたデザインを「見える化」しようという「デザインの解剖」は、そのための試みの一つでもあるのです。

「デザインの解剖」は、生産サイドの基礎研究・素材開発・生産技術などが織り込まれた成果としてのデザインの「見える化」がテーマとなった。それは、デザインは大量生産品のどこの場面・局面にも存在するという佐藤の信念から生まれたもので、同時に、デザインを介して衰退し、眠っている人間の感性を覚醒させようとする壮大なプロジェクトとなるものだ。

7 プロフェッショナルであるということ

本質に立ち返る

二〇一一年三月一一日に発生した東日本大震災は、デザインの世界にも大きな影響を与えました。あの時は、どのような業界でも、自分たちに何ができるのかという不安を抱いたと思いますが、とくに普段、クリエイティブとされている業界でその傾向が強かったのではないでしょうか。私の周りでも、デザインに一体何ができるのかという悲観的な声が多く聞かれました。

しかし私は、むしろこういう時だからこそ、デザインは力になる。これだけ社会が混沌としている時にはデザインこそが必要になる。本質に立ち返り、私たちの暮らしに本当に必要なものを見つけ出すためのお手伝いができると考えていました。ですから、同じグラフィックデザイナーでモチベーションを落としているような人たちが不思議に思えました。「そんなつもりでデザインをやっていたのですか」と、問いただしたいと思ったほどです。

もちろんそれは、私自身は東京にいて、被災していないためにそんな風に思えたのかもしれません。ただ東日本大震災は、経済が最も優先される豊かさの指標であった、今までの世の中について「本当にそれでいいのか」という問いを突きつけるものでもあったと思うのです。今までは曖昧に、うやむやにしていた部分に、フォーカスがあたった。だからこそ、まさにデザインは、社会に求められる新しい「豊かさ」を指し示すためのツールになり得るのではないか。「ピュアモルト」をつくった時からずっと考えてきた「本質に立ち返る」という、そんな気持ちを後押しされたように感じました。今こそ、本当の意味での「デザイン」が求められていると思ったのです。

佐藤が言う、時代と生きる「本当の意味でのデザイン」は、その内実をなかなか規定することが難しいものではあるが、一つだけ確かなことは、「本当の意味でのデザイン」はデザイナーのこれまでの職能意識からは生まれにくいもので、新たな職能意識（プロフェッショナリズム）からしか生まれないであろうことだ。その意味からすると、佐藤は「本当の意味でのデザイン」を創出するのに最も近いデザイナーの、有力な一人なのである。

具体的に動いたのは21_21 DESIGN SIGHTでの活動です。最初は三宅一生さんが「東北の底力、心と光」（二〇一一年七月二六日〜七月三一日）を開催しました。これは「衣」をテーマに、東北に息づく伝統的な手仕事を集めた展示でした。その後、深澤直人さんと私が中心になって「テマヒマ展　東北の食と住」（二〇一二年四月二七日〜八月二六日）を開催しました。いずれも、東日本大震災を受けて企画された展覧会です。「テマヒマ展」は、東北で日常当たり前に食べられている食べ物や、日常生活のための道具、本当にアノニマスなごく普通の道具などを収集し、テーブルに丁寧に並べ、じっくり見ていただくという展覧会です。そこから、私たち現代人が見失いかけている真の豊かさと、飾らない美しさを発見したいという試みでした。

佐藤は「テマヒマ展」のディレクター・メッセージとして、「永い間受け継がれてきた日本のものづくりの精神が、近代の『便利』を崇拝する合理主義に、歪んだ民主主義と資本主義が折り重なり、急速に消えつつある」と記している。この言葉に、日本のデザインが歩んできた道のりが重なる。

「デザイン」という概念は、日本の近代化と共に華々しく発達した。だが近代化はそれ以前、そもそも「産業・経済」と、「暮らし・文化」が一体化されていた構造を乖離させていく。「産業・経済」に組み込まれることによって発達した「デザイン」もまた、この乖離の流れに乗らざるを得なかったのだ。

一方で、大正一五（一九二六）年、柳宗悦を中心に始まった民芸運動は、産業と暮らしが融合したなかに「用の美」があることを見出し、その後、発展していくデザインとは別の底流として、日本が本来もつデザイン、造形の美しさを伝える、ある種の批評としての役割を果たしてきた。

戦後復興と共に、頭角を示しだすデザイナーのなかには、産業と暮らしの間にデザインをかけ渡そうとする動きも出てくる。社会的な役割がモダンデザインの思想的な背景と共に立ち現れてきたものである。そうしたモダンデザインの使命が一方で、産業と経済が巨大化してゆくにつれ、次第に見えずらくなってゆく。一方的に「産業・経済」に「暮らし・文化」が飲み込まれてゆくマクロな構図にデザインが与してゆく眺めが一九八〇年初頭までの流れである。

佐藤卓がデザイン界に登場したのは、ちょうどその時代だ。彼が「本質に立ち返る」と語るその背景には、こうしたデザインの歴史が脈々と息づいている。

この他、東日本大震災に関連する活動では「ほしいも学校」が主催する形で、「ほしいもと放射能の関係」をテーマにしたシンポジウムなども行いました。干し芋の産地であるひたちなか市と東海村は福島県のすぐ南に位置します。干し芋は天日干しをするため、危険なのではないかという、いわゆる「風評被害」をもろに被ってしまったのです。あの時、過剰な反応が出てしまうのはやむを得ないことでしたが、何もわからないのに、闇雲に危険だということは、それこそとても危険なことです。そこでシンポジウムには放射能の専門家をお招きして、正しい情報を聞き、話し合う機会をつくりました。

この「ほしいも学校」のケースを見るまでもなく、デザインが伝えるべきモノの価値はすでに潜在し、そこにある、という佐藤の確信が地方の生産品とのつながりを産み、さらにはその場を「開かれた学校」とすることにより、3・11に遭遇する地方の困難な事態を広く共有化することにも貢献できたのではないか。

これもデザインが担える「外延効果」と呼べるものになるだろう。これからますますデザインが社会にかかわるためのこうした外延効果をデザインにかかわるものは豊かな想像力を駆使して、創り出していかなければなるまい。

無名性のデザイン

自らの作成した商品パッケージやCI、VIは、その企業の「作品」だと、佐藤は言う。コミュニケーションの質を重視し、クライアントと共に創り上げながら、共に学びあうその主旨は「共創・共育のデザイン」である。このことにより、クライアント自身にも当事者意識が醸成され、出来上がった「作品」への誇りと愛着、信頼感が育まれる。ここでは、かつてのようにカリスマ性をもったスターデザイナーは必要ない。無名性、匿名性こそが求められてくる。ただ、そこには「誰にでもできる」という誤解を生じさせる危うさも潜んでいる。一般公募された東京オリンピックのエンブレムは、その象徴のようでもある。

先に「デザインの世代論」として、戦後日本のデザイン史を簡単に振り返りましたが、この第一世代、第二世代にあたる方々が中心的に活動していた時代は、一般社会では「グラフィックデザイン」という存在そのものがあまり認識されていなかった。だからこそ、デザインはデザイナーが主体となり、動かしていかざるを得なかった。グラフィックデザイナーという仕事への啓発も含めて、そういう態度が必要だったはずです。自分というものを表現することによって、デザイナーの存在とその価値を知らしめていく。コンテンツを伝えながらも自己表現を利用し、格闘していた時代があったと思います。そもそも自分で絵を描き、文字をつくらなければ、ポスター一枚つくれない時代でもあったのです。そういう意味では、テクノロジーの発達や社会の要請が絡み合って、今のデザイナーのやるべきことは、昔とは変わったのかもしれません。

私の場合は、そもそも自分がつくったデザインが、私の作品であるという認識は、まったくありません。クライアントであるメーカー、その彼らがどんなものを求めているのか、その想いを形にしているのであって、自分が勝手に生み出したものではないからです。いわば、その環境に眠っている、まだ形になっていないものを抽出し、形にして見せて、皆さんにご確認いただくという仕事です。したがって、デザインを始めるためにはとにかく話を聞く。商品開発の方はもちろん、技術の方にも、営業の方にも、基礎研究をされている方にも、でき得る限り話を聞き、コミュニケーションをとらざるを得ない。どういう背景からこの仕事が発生し、そこで何を求められているのか。それをきちんと理解しなければ、デザインなどできません。

とくに大きな企業は分業化されているため、各ポジションの方々が十分に理解しないまま作業を進めてしまうと、商品開発が勝手に進められたものが、よくわからないうちに決定されて、商品になってしまった、というように、非常に無責任な状態が生まれてしまう。そうならないように、すべてのポジションの人に、これは自分たちのものなんだ、自分たちの商品なんだということを十分に理解してもらったうえで進めることが必要なのです。すると、自然と、大切にしようという気持ちが生まれます。なるべく長く、そのデザインを使っていこうという気持ちが育まれていきます。

ただ、時には「自分たちでつくった」という当事者意識が行きすぎて、「これなら、プロのデザイナーに頼まなくても、自分たちだけでできるのではないか」と思われる可能性もある。テクノロジーの発達もあります。パソコンでちょっとレイアウトしてみたら、案外いいものができることもあるでしょう。実際、いくつかの条件を設定すれば、シンボルマークがパパッと何個でもつくることができるというアプリケーションも登場しているようです。ですから、それで十分だと考えるのであれば、それはそれでいいのではないでしょうか、というのが私の意見です。いずれ、どちらにしても自然淘汰していくのですから。

「無名性のデザイン」はクライアントサイドの多くの当事者意識に支えられてのものだった。しかも、この当事者意識は外部のデザイナーとの緊張関係のなかでしか高まらないのはいうまでもないことなのである。

ですがそのさらに先に、デザインの一般公募という問題があり、そこには大きな課題があると感じています。世間を騒がせた東京オリンピックのエンブレム問題については、その背景についてまったくわからないので具体的には発言できません。ただ私はこの問題は、歪んだ民主主義の弊害が表出したのだと考えています。

一般公募方式は一見、みんなの参加意識を醸成する、とても民主主義的な方法に見えます。国民一丸となって、イベントを盛り上げたいという時に、採用してしまう気持ちもわかります。しかし今までに、そこから本当に素晴らしいものが生まれたでしょうか？プロフェッショナルであれば、つくったデザインをどのように展開させ、さらに五年後、一〇年後、どのように使われていくのかという包括的な視点をもってその仕事に取り組みます。しかし、一般公募に応募してくる人々にそこまで期待することはできません。すると「つくること」と「育てること」が別建てになってしまいます。つくった本人は、選ばれたところで終わり。その後の展開は、使う人たちがそれぞれの都合で解釈し、適宜使用していく、ということになります。その結果どうなるかといえば、何か問題が生じた時に、誰が責任をとるのかわからない、責任者の顔が見えない、誰も責任をとらなくてもよいという無責任主義にしかならないのです。

もちろん、一般公募が適しているケースもあります。たとえば町内会のお祭りのポスターであれば、地域住民、子どもたちがこぞって応募して、最優秀賞を決めてもいいでしょう。ただし、その方式を何にでも応用することがとても問題だと思うのです。

蛇足ですが、一言付け加えるなら、本来、オリンピックのシンボルマークは、あの五輪のマークのはずです。そこへさらに、開催都市ごとに特定のシンボルマークがつくられることになっている。しかしそれは本当に必要なのでしょうか。ただし、必要か不必要かが問題なのではなく、そういった議論の場さえ与えられていないことに、私は違和感を抱いています。

プロフェッショナルの責任

「明治おいしい牛乳」を例にしたような、デザインとも思われていないデザインをつくること。いわば、デザイナーがその存在感を消し、無名性のデザインを為すこと。それは目指すべき方向だと考えています。利用者にとって、これを誰がつくったのかということはさほど重要なことではありません。ごく普通に、心地よく使えれば、それで十分だと思います。しかしこのことと、顔が見えない、デザインに責任をもたないということは、まったく別の話です。どのデザインを誰がどのようにつくったのかということは、もしも興味をもつ人がいれば、背景がきちんとわかる社会になっていかなければならない。したがって、我々プロフェッショナルなデザイナーは、プロの仕事がどういうものであるのか、どこがアマチュアと違うのか、さらには一般公募の問題点はどこにあるのか、そういったことを、誰にでもわかる言葉で、世の中に伝えていかなければならないと思います。こういう設計をしたから、一〇年、二〇年と継続して使ってもらえるデザインになっているのだという事実を伝え、実証していく必要があるのです。

たとえば21_21 DESIGN SIGHTでは二〇一七年二月から四カ月間ほど、男子四〇〇メートル・ハードルの日本記録保持者である為末大さんらがディレクターとなり、「アスリート展」を開催しましたが、スポーツの世界で考えても、プロとアマには大きな差があります（言うまでもなく、所属や報酬といった商業的な区分に関する話ではありません）。もはや「差」というよりも、「違い」と言ってもいい。「アスリート」は、運動をしている時だけがアスリートなのではなく、日常の所作から自身の身体に対する感覚、さらには環境に対する認知といったことを含めて「アスリート」であり得るのです。

私自身はサーフィンが好きで、かなり熱中してやっていますが、サーフィンでもプロとアマには相当な違いがあり、プロになると、板と足がくっついているのではないかと思ってしまうほど、完全に一体となって波に乗ります。アマチュアである自分の延長線上にプロの世界があるとは思えません。それほど違う領域なのです。

プロフェッショナルのデザイナーとして、私自身もやっと、そういうことが言えるようになりました。二〇年前に「このデザインは二〇年もちます」と言っても、誰も信用してくれなかったと思いますが、今なら実際に、そういうデザインがいくつも生まれています。

このことが説得力をもつとすれば、そのことをきちんと伝えていかなければならない。つまり、若い頃と現在では、私自身の責任のあり方も変わってきているということです。経験を積んだプロフェッショナルのデザイナーとしての責任を、これからはいっそう果たしていきたいと考えています。

とはいえ、ではプロのデザイナーはみんな、なんらかのかたちで発言し、自分のデザインを主張し続けなければデザインに興味をもってもらえないのかというと、それも違うでしょう。単にデザイナーが主張すればいいのではなく、デザインに対する認知・認識が、身体感覚として自然に身についているような、「そういう社会にしていく」ことが必要なのだと思います。そのためには、やはり子どもの時からのデザイン教育が最も有効なのではないでしょうか。そもそも「このデザイン、いいな」と気づき、興味をもつ。そういうデザインマインドがあれば、アマチュアのデザインとプロのデザインを同じ土俵では考えなくなるはずです。

私は、小学校に週に一コマでもいいから「デザイン」という授業をつくってもいいのではないかと、かなり本気で考えています。デザインの勉強を行うのが大学からでは、ちょっと遅いのです。先にも言いましたが、デザインは「気を遣う」ことです。先々のことを想像して、今、何をしておけばいいのかを考え、実行する。それはつまり、道徳を学ぶことに近しい。つまり「デザイン」という授業があれば、美術や工芸的な知識に加え、道徳を学ぶこともできるわけです。あるいはそこに、コミュニケーションという視点を入れてもいい。人の話をよく聞き、自分の考えもきちんと伝える。これもまた、デザインの基本です。「デザイン」という授業があれば、それはきっと国語・算数・理科・社会といった他の授業の理解を深めることにも役立つに違いありません。

デザイナーが「デザイン」に責任をもつということは、デザインを扱う者の規範だ。デザインを扱う裡で、何を責任の対象にするのかは、当のデザイナーのデザインに対する立ち位置から必然化される。作家性に依拠する場合、無名性に依拠する場合、それぞれのそれが、デザインの批評性につながることを私は期待したい。

ところで私は、ラテン音楽、特にサルサやメレンゲが大好きなのですが、なぜこの音楽が好きなのかと考えてみると、このようなラテン音楽には、誰かスターがいるわけではなく、全体でうねりをつくりあげていく音楽だからだと思い至ります。ボーカルだけを聴くわけでもなく、ギタリストが「オレの技術を見せてやる」とばかりに、ソロパートをガンガン演奏するわけでもない。ライブでミュージシャンが演奏をしていても、聴衆はみんな、演奏者のことなんかろくに見ていません。音楽がつくり出す心地よいうねりに身を任せてペアで踊っているだけです。演奏者も聴衆も、みんなが気持ちよくなれるうねりをいかにつくり出せるかという音楽なのです。

考えてみればサーフィンにも同じような感覚があります。波のリズムに合わせて体勢を整えてテイクオフ、ほとんど無意識にボードのうえに立ち上がった直後には、その斜面を滑り下りている。波に乗り、自然と一体になって大きなうねりのなかを滑り降りる快感は何ものにも代え難いものです。ただし、調子に乗って無理をしたりすれば、簡単に死とも直結します。波に身を任せながらも常に冷静に、客観的に自分の置かれている状態を見極めることが重要です。まずは環境を把握し、身体が反応できる状態をつくっておかなければ、たちまち危険な状態に陥るのです。

これらのことは間違いなく、私の仕事にも大きく影響しています。かかわっている人たちがいるその「場」が、いかに心地よい状態になれるか、そのうえで、いかにいいものをつくっていけるか、かかわっている方々にどれだけモチベーションを維持していただけるのか。そういった「場」をつくるためには、自分優先ではなく、周囲の環境を的確に把握し、冷静に判断して調整していく。グラフィックデザイナーとしての私の役割は、まさにそこにあるからです。

グラフィックデザイナーとしての仕事、子どもの頃から熱中した音楽、そしてサーフィン。それらが過不足なく結びつき、影響し合いながら現在の自分自身を否応なく形づくっているのかもしれません。

佐藤の「場」を良質にマネージメントし、オルガナイズしようとする意志は、彼の身体性が生む感性と無縁ではないことがわかる。つまるところ「無名性のデザイン」の獲得とは、場が参画する各個の身体性を研ぎ澄ますための場へと機能しない限り成就し得ないものなのだ。ただ群れるだけの場では何も生まれない。これがスターデザイナーによる「スターシップ・デザイン」と異なる「ギャザリング・デザイン」と呼ばれる地平ではないか。

そして、一方で、佐藤はこれまで定期的に銀座の小さなギャラリー「巷房」で作品の個展を実行してきた。「佐藤卓」の自主的な個展である。この意図は「デザインの視点」のさらに内奥に潜む表現域への佐藤の衝動的発条から作品による「無名性」への揺さぶり、ではなかったか。それは「無名性」をより高度に、さらに純化させるための「作家性」への越境となるものだった。が、しかし、そこでも出来るだけ作家性を躱《かわ》すインスタレイティブな作品化が試みられていて、表現のユニークさもそこに認められた。こうした佐藤の衝動的発条による作品も彼自身のデザイン活動総体への、内からの叛乱として私には見えていたので、だからこそ個展が楽しみだった。どうやら、ここでの佐藤の無名性とは、絶えず作家性とのボーダーぎりぎりに位置する寸止めインファイトボクシングのように見えたものだ。

参考文献

佐藤卓『クジラは潮を吹いていた。』DNPアートコミュニケーションズ、二〇〇六年

佐藤卓『塑《そ》する思考』新潮社、二〇一七年

佐藤卓、という無名性

真壁智治

1

デザイナーや建築家を世代論として論じようとすることは歴史性を鮮明にするうえで魅力的だが、慎重さも必要になる。なぜなら、それらを世代で一括りにし難いからだ。世代が近いからといっても、各自が目指すデザイン観やそのための立ち位置にベクトルの差異が生じるのはいたしかたない。そこを丁寧に読み取ってこそ、歴史性を捉える世代論が生まれる。

しかし、世代が体験した時代への共通感覚は否定しようもなく存在する。

佐藤卓は一九五五年生まれ。当たり前にデザインをモノと共に消費する環境と感覚のなかで育った。おそらく消費市場はマス・マーケティングの全盛期で、その後クラスター・マーケティングが登場してくる前段階のような時期であったろう。

佐藤が心底ハマったロックやサルサも、ＬＰレコードのジャケット・デザインと共に普通に生きられてきた。いわゆるデザイン消費としてのジャケ買いは自身のライフスタイル、さらにはアイデンティティの表明そのものだった。このデザイン消費の感覚は佐藤に固有なものではなく、世代に普通として身についたものであったろう。この感覚が世代に固有なデザインとの距離感をつくり出していると考えられる。世代が近い深澤直人や原研哉らも同様にデザイン消費のオピニオン的地位を保持しながら、彼らなりのデザイン観を展開しているのがわかる。彼らのデザインの前提は時代の共通感覚にあることはいうまでもないことだ。

ちなみに私は一九四三年生まれであるが、デザインとの距離感は共有する部分も多少あるものの、圧倒的に佐藤たちの世代とは異なる。デザインを消費する感覚よりも、近代的な思考形成としてのデザインを社会と時代に対するマニフェストやプロパガンダ、あるいは自己表現のメディアとして、デザインの自律的な存在に関心が向き、デザインを消費市場から遠ざけようとしてきた。一方で、俗悪なデザイン「キッチュ」を擁護する、という真逆なモダニズム批判も消費に対して向けてきた。

佐藤は途中、団塊世代を挟んで私と一二年離れている。この一二年は消費市場の推移から見ると、デザイン消費の日常化・洗練化が常態的に進む時期と捉えてよいだろう。消費社会の進攻である。

建築家・伊東豊雄はかつて「消費の海を泳がなくてデザインができるか!?」と、消費市場の存在を建築の根拠に置くことを挑戦的に宣言した。消費の対象として建築を把握するポストモダンな発想としてそれはあった。しかし、伊東が指摘した「消費」のニュアンスもそれまで俗悪なものとして捉えられていたものに光を照射する、という「上から目線」の消費であったことは否めない。

一方、佐藤たちの世代の消費に対する態度は、良くも悪くも身の回りにある普通な環境として消費社会を等身大で見ている。これが世代の時代共通感覚となるものなのであろうか。

つまりは、消費社会の代表選手のような「大量生産品」のデザインという、前の世代のデザイナーたちは腰が引けたり、力が入りすぎたりするデザインテーマにごく自然にアプローチできたのも、消費社会に対する馴染みと時代感覚がそこにあったればこそだったろう。さらに、デザインの方法的な逐一についても、佐藤たちにはモノの消費に対して、洗練されたプロシューマー的態度と評価法を発揮できる資質を備えていたので、なんら気負うところはなかったはずだ。

私の見立てだが、佐藤たちは消費、という行動を欲望というブラックボックスに封じ込めずに、科学的なコミュニケーションと科学的な認知学としてデザインを実践し得た最初の世代ではなかったか。

2

佐藤卓のデザインの本質は、デザイン消費に対する時代共通感覚を基にしたうえでのデザインの無名性にある。佐藤が規定するデザインの無名性とは「デザインを自分の作品だと考えない」とする一方で、デザインの成立・背景や根拠・方法について佐藤卓という名で説明する。この一見相反すると思える対応は、佐藤のデザイナーとしてのプロフェッショナリズムに大きく由来し、デザインの無名性への責任表明が示されている。

それは大量生産品をデザインの対象とし、その供給者とのコミュニケーションの「テーブル」にデザインをのせることを初めて可能にしたのであった。無名性は、デザインの存在がデザイナーの手から離れ、供給者に対して、パートナーとしてのデザイナーの立ち位置を固有に獲得し得たことを意味している。このことは存外、アトリエ・デザイナーとしては画期的なことなのである。

作家性とは、デザインを作品とする態度を指す。すなわち、無名性と対極にあるのが作家性となる。佐藤と世代が近い原研哉はデザインの新たな有徴な作家性を志向している、と感じられるし、深澤直人は新しい普通さを生むデザインの無徴な作家性に依拠している、と私には映る。

このように、時代感覚を共有している同世代だとしても、そこからデザインに向かうベクトルは明らかに異なるのである。このことがデザイナーや建築家を世代論で論じる際の慎重な観察の一つとなるところなのだ。

しかし、同世代を形成するこの三人は、今の時代のデザインの余地性を各々のベクトルで切り拓いているという意味で、キーマン的存在になっているのは確かであろう。

大量生産品の供給者とのコミュニケーションを根気強く図り、相互理解・相互信頼を深めてゆくパートナーとしてのデザイナーは結果として、そのことにかかわった多くの人たちの成果としてのデザインが当事者意識から認識され、評価される。ここの部分がとても貴重なのである。スターデザイナーのみの手柄とは明らかに異なる。このことこそが消費社会の申し子的世代の佐藤の無名性のデザイン開発の真骨頂なのである。そのことを通して佐藤卓は、供給者と共に歩み、共創・共育のデザイン開発の共振的地平を築くことができたのであった。

ところで、佐藤は機会がありながらも、プロフェッサー・デザイナー（大学デザイン教育に身を置き、自身もデザイン活動を行うもの。そこには立場上使命として、デザインの理論化・方法化・実験化が強く求められる。デザインが可能にする世界を最前線で研究しなければならない。したがって腰掛け教師では本来務まらないのである。原研哉、深澤直人は共にプロフェッサー・デザイナーとして指導についている）を固辞してきた経緯がある。私は、大学の場より、毎回、空身で、白紙で臨む供給者とのテーブルの上にこそ、プロフェッショナリズムを発揮するデザインの現場があり、そこが佐藤にとっての大学なのかもしれないと理解してきた。

当然学生には生産にかかわる現場・現実がない。佐藤が考えるデザインはそうした現場・現実から生まれるものであるだけに、デザインそのものは教えられない。しかし、私は佐藤が学生にデザインに向かう「トーン」と「マナー」を徹底的に教え、無名性のデザインに取り組む兵士を育てて欲しいと思うのだが。

大量生産品のデザイン開発に、共創・共育の下地が備わっていれば、供給側もデザインすることの目的と意味が共有化され、生まれたデザインを大切に扱い、誇りに思えるだろう。これは次にデザインに手を加える必要が生じた時に生かされることになるはずだ。たとえそこに佐藤が関与しなくとも、佐藤と共に体験された無名性のデザイン実践としての共創・共育のデザイン開発が応用の効くものになってゆく。

共創・共育のデザイン開発は、どのように生まれるのか。佐藤が依頼者である供給者に対して一切の偏見をもたず、自分をゼロ状態にして向かい合う。先方の背景、実績、課題などを聞き出し「資質」の概要を把握してゆく。このやり取りを粘り強く何度も重ねる。この間の佐藤の役割は「見つけ」「引き出し」「つなぐ」ことだという。その根拠になっているものは、現すべき「価値」はすでに先方に潜んでいるという信念である。

ここまでの作業は、いわゆるデザイン・ワークショップとは異なる。ワークショップには、それを主導する立場と主導される立場があり、主導を通して潜在的な各自のデザインイメージやデザインとのかかわりを考えさせ、集合的主観あるいは集合的イメージをデザイン与件として描く道筋を得る方法を指す。

しかし、共創・共育のデザイン開発では、供給者とデザイナーとで、潜在する具体的な「価値」を確認し合う道筋を対等な立場から徹底化させる。そして、参加者の当事者意識を醸成させながら、生まれてきた事態に佐藤が一つの軸をデザインすることになる。構造を定め、意匠を誘導する場をつくる。そこからは極力デザイン言語をより少なくできるかに腐心する。これも無名性のデザインを担保するものになる。この流れが佐藤卓の無名性のデザインが誕生してくるクリエイティブな小径なのである。

そして、そっと大量生産品の裏側に物語をかくしておくことも佐藤は忘れない。

これが、佐藤卓のデザインは、環境がつくらせるデザインだといわれる所以なのである。環境（場）をマネージメントし、ディレクションし、インスパイヤーし、ボルテージアップをはかってゆく。その環境に多くの登場者が参画して、デザイン開発が進む。

佐藤が関与するデザイン開発には、こうした多くの登場者たちの存在が特徴的で、そこから多くのデザインの当事者たちが生まれてくる。それが供給側でのデザインの底力を生んでいるように思う。

私はこのデザイン実践を参与されるデザインと呼んでいるところだ。つまりは、佐藤が生み出す環境（場）とは、双方が向き合うテーブルづくりであり、このテーブルを介しての「パーティシペーション（参与）」を通し、環境を高め、無名性のデザインを共に生産していくことなのである。

3

私は身の回りで目にするデザインの存在について考えてきた。

存在論的なデザインとは、デザインとして施されたものの機能・構造が背後に後退し、デザインに依る意味性や象徴性が生まれる直前の、そこに在る感覚としての「カタチ」が全面化する世界として理解することができる。

存在としてのデザインにはいくつかの基本的なテーゼ（定位）を見出すことができるが（真壁智治『ザ・カワイイヴィジョンa 感覚の発想』／鹿島出版会／二〇一四年、参照）、重要なものとして「デザインは変わってゆく」という大原則テーゼである。

このことはデザインの存在が属性としてもつテーゼに見られたごとく、デザインは改めて運動性のなかにあることを私たちに気づかせてくれる。

これは存在としてのデザインの宿命であると同時に、デザインが迎える現実なのである。つまりは、このことはデザインは自己運動を遂げなければ急速に市場から、社会から、時代から抹殺される運命を迎えなければならないことを意味している。

したがって、デザインにとって成長とは、とりも直さず、変化をはかりながらデザインとしての有用性を獲得し、再生産をしてゆく「持続力」のことに他ならないのではないか。

しかし、こうしたデザインを存在論的に見てゆこうとする検証態度はあまりなかったばかりか、「デザインの持続性（成長性）」についての実践的な研究はほとんど例がなかった。

モダニズムが生んだデザイン論は、不変・永遠を生む普遍性を追求してきたものである。古びたものを改修することはあっても、デザインの成長という視点からの改編は方法としてもあり得ないことだった。

消費社会では、なかんずく大量生産品のデザインが一過性ではなく、持続性を発揮し「時間」に耐えてゆけるデザイン・メソッドが強く求められていることはいうまでもないことだろう。市場に供給される膨大なデザインが生き続けるためには、変化を組み込んで、市場性、時代性に対応してゆける持続可能なデザイン・メソッドが待望されるところだ。

いずれにしても、製品・商品＝デザインは長い時間に対応してゆかなければならない。どんなにデザイン・オリジナリティが高かったデザインでも、市場で長いこと持続力を発揮することは容易なことではない。

オリジナリティが高ければ高いほど、市場からの風化も早く訪れかねない。

たとえば「時間」を生きてきた大量生産品のデザインの持続性の代表的事例として「カルピス」のラベルデザインを学習することができる。そこにはラベルにデザインされた水玉の色合い、径のサイズ、数、分布のパターンなどが「カルピス」の市場対応のための更新ごとにデザインが刷新されてきた歴史を、そこに見ることができる。

では「時間」を克服してゆけるデザインとはどのようなものなのか。

最初に市場導入されるデザイン（プライマリー・デザイン）の資質をいかに設定し、有効なものとして設計するのかが、基本的に重要なポイントとなる。資質の高い「プライマリー・デザイン」をどのようにつくり出すか。まず想定されるのが、コーポレイト・デザイナー（企業内デザイナー）が社内の情報力、調査力、企画力、開発力、販売力などの総合力を基盤に駆使して「プライマリー・デザイン」を生み出すケースだ。

この場合の欠点も挙げられる。企業内のデザイン開発にいくつかの制約が加わりかねないということだ。

それまでのデザイン室のデザイン傾向からまったくのフリーにはなりにくい。市場からのヒアリング情報が絶えず、大量すぎる。ユーザー・ヒアリングからもデザインのコアになるものが見出しづらい。マーケティング情報を読み解き、デザインへの道筋をつけてゆく方法が見出し難い。そんななかで、コーポレイト・デザイナーだけでは、市場に対して八方美人的なデザイン対応のデザイン開発に流れやすい。

こんな事情のなかで、作家性ではなく無名性に軸足を置くパートナーとしてのデザイナーの存在は、供給側にとって大変意味のあるものになってくるのは当然だ。進めるべきデザイン開発に客観性と革新性を与えられることが大きい。

こうした供給側が潜在させていたデザイン開発の事態に対して、その現場に寄り添いながら、マーケティング情報を慎重に咀嚼しながら、筋道を見つけてゆき、供給側が当たり前すぎて気がつかないポテンシャルをも見出してゆく佐藤卓の無名性の観点こそが、「デザイン」を持続させてゆくうえで資質の高い「プライマリー・デザイン」をつくり出す、不可欠な存在であることがよくわかる。

このように共創・共育で生まれたプライマリー・デザインはそこに当事者意識が強くあるから、デザインの自己運動の行方を考えだす下地をもつことができるのである。

デザインの更新への要請は、いくつかの局面を迎えて生じてくる。たとえば、売り上げが落ちてきた、訴求すべき新たな価値が生まれた、強力な競合品が出てきた、商品そのもののコンセプトが変わった、販売チャネルが変わった、ユーザーが世代交代してきた、デザインが時代に合わなくなってきた、などなど。

「時間」に対応してゆくためには「プライマリー・デザイン」に組み込まれた、変えてはいけないデザイン価値、あるいはデザイン・エレメントと、更新時に変えることを検討してもよいデザイン・エレメント、さらには新たに加えなければならないデザイン・エレメントをその度に改めて確認することが、持続力の高いデザインの必要条件となる。更新ごとにまるっきり違うデザインを繰り返していては、デザインの持続力は育ってゆかないのである。それを支えるものがデザインの構造となるものなのだ。

4

佐藤卓の無名性をより伝えるデザイン作業として「デザインの解剖」がある。「デザインの解剖」はよく目にする大量生産品を「デザインの視点」から解剖してゆこうとするもので、同時に、それは作業を通してデザインという枠組みの総体を再認識しようとしてきたものだった(それは極めてオリジナリティの高いデザインの解剖作業であり、同時にデザインの批評となるもの、と私は評価してきた)。

その結果、大量生産品を支える研究力、企画力、技術力、開発力、販売力などを総合的に「デザイン」という領域から吟味してゆくことになる。

デザインは供給側のあらゆるところに存在するものだ、という強い信念を佐藤に自覚させる契機となるものが「デザインの解剖」であったのかもしれない。

確かに「デザインの解剖」は明らかに産業とデザインの深度を自覚させ、拡張させるものであった。

私は佐藤が「デザインの解剖」へ向かうのには、その根底にデザイナーの職能《プロフェッショナリズム》への意識が深く関与しているのではないかと思ってきた。

建築家・槇文彦は建築家の職能について、スピロ・コストフの言説を引用しながら、「古代エジプトとギリシアの建築家に求められた才能とは巧妙さと言われた類の独創性のあるひらめきと、学識という二つの異なる資質であった。

これは理性と感性にまたがる世界における資質である。建築家が遭遇する社会、環境は劇的に変わっていくが、その後数千年間、今日に至るまで建築家に対して社会が期待してきたもの、或は建築家が自己の職能の確立の為に獲得しようとしてきた目標としての資質は殆ど不変であったといっても良いのではないか」（槇文彦「変貌する建築家の生態」／『新建築』二〇一七年一〇月号）

と指摘している。

デザイナーが立ち会うことになる「産業とデザイン」の局面が、佐藤が試み続けた無名性に依拠する「デザインの解剖」のような作業を通して、モノに語らせる世界としてデザインが映し出されるようになってきた。それはデザイナーの職能の資質にまず先入観をもち込まないことから始まり、そこから自己の理性と感性を駆使して、ひたすらモノに語らせる世界の観察に終始することによって、産業とデザインに深くかかわるための職能の余地に出会っていたということではなかったか。

これは同時に産業構造に起こる変化、たとえば、製法、品質、物流や生産機構の統合や販売チャネルの変化、さらには人の働き方の核心などまでをも「デザインの解剖」はデザインの役割の変更・更新として見せてくれていたのである。

つまり、産業構造の変化にデザイナーの職能が対応するための補強としても「デザインの解剖」は機能してきたのだ、と私は思っている。デザイナーが産業から学ぶものが「デザインの解剖」から知らされたのである。

佐藤は「デザインの解剖」作業を自身が体験することによって、その展開として子どもたちへのデザイン教育の大事さをも確信するに至ってゆく。

「産業とデザイン」の関係と仕組みをモノに即して観察し、学習し、考えてゆくことの重要さを子どもたちにも体験してもらいたい。そこからデザインがもつべき「気を遣う」デザイン・マインドを学び取ってもらいたい、と佐藤は思うようになった。「デザインあ」はそうした背景から生まれたものだった。

ところで、私は多少の違和感を「デザインの解剖」や「デザインあ」に対して覚えていた。その内容に対してではなく、その実行主体であり、クレジットについてである。私は「デザインの解剖」は絶えず、佐藤卓という人格《キャラクター》を超えた存在の観測作業となるべき、と考えてきたところがある。したがって、クライアントとの個々のデザイン業務とは別に「デザインの解剖」や「デザインあ」は個人や法人がハンドリングすべきテーマではない、と私は思う。このように佐藤にとってデザインの実践対象と領域がどんどん広がってゆくと、それにつれ、佐藤卓の存在も方法としての無名性だけではなく、主体としての有り様も重大な検討事項になってくるはずだ。

ここでの主体のアウトラインとはどのようなものか。

・理性と感性を裏付けとする公正な研究主体でなければならない。
・研究そのものが中立で、非営利な運動主体でありたい。
・研究は絶えず広く情報公開を旨とする主体でありたい。
・研究の根幹に人間の感覚・感性の探索を置く主体でありたい。

いよいよ時代は個人の域を超えた職能の拡張と進化の発揮が強く求められるようになってきている。槇が古来の職能の不変さ（純粋さ）を指摘したが、それは我々がそれを忘れがちだったり、社会が期待しなくなりがちだったりすることへの警告であったと私は理解した。

私は槇の建築家の職能についての基本的指摘を承知したうえで、とくに3・11の東日本大震災で建築家が出会った大きな衝撃は、被災地が建築家を必要としていないという現実であった。これは槇が指摘した純粋な職能の一方的な危機を意味したのである。そんななかで生まれた「みんなの家」（伊東豊雄／二〇一一年）は、建築家の職能を支えてきたひらめきや学識が何の役にもたたない現実から、一気に建築版無名性のデザインとなるものだった。そこから改めて、これからの建築家の職能を再構築してゆく作業が始まったのだと思う。

こうした事態にあって、領域・分野は異なるが、佐藤卓が実践してきた「デザインの解剖」や「デザインあ」はいささかでもデザイナーの職能の純粋さをつなぎ留める意味をもつのではないか。そのためにも、それらの作業の実行主体の有り様を私は問題にしたいのである。

それが個人・法人の存在を超える新しいデザイナー像なのかもしれない。

5

本書は机上のデザイン論ではない。

本書では、新書という書籍形式にささやかな試みを施している。これも佐藤卓の無名性によるデザイン論を開示し、理解を促進するうえで必要な試み、と判断されたからだ。

本来は本書の解説文として一括して示せば済むものだが、それでは、本文に潜む発想の独創性が場面ごとに直截に伝わりにくい。ならば、必要な箇所に必要な言説をさし入れたり、はさみ込むことの方が有効と考えたのである。

これを新書の「挿入言」方式とした。挿入言には、切り替え、設問、まとめ、補足などの機能を与えた。これを邪魔と思われる向きもあろうが、お付き合い願いたい。

さらに、この「挿入言」方式をラジカルにさせたい。要は、本読みのライブ感が大切なのである。佐藤の語る本文に、感心や同意や合いの手、さらには檄やヤジをもザッピング、として打ち込んでゆく。本書を読み込んでゆくリズムをつくり出したり、勢いを与えてゆく。これはあくまでコラボレーションではなく、ザッピングなのである。

したがって、さし込まれたザッピングは単なる脚註ではない。佐藤卓「大量生産品のデザイン論」は事程左様に、ドキッとし、オヤッと思い、エッと感じる論旨なので、さし挟む言説は脚註程度で済むはずがないのである。本書と読み手のドライブ感がザッピングの狙いだ。ザッピングで本読みのスピードとリズムが明らかに変わるはず。

これも佐藤卓の無名性のデザイン論がもつ文脈と、作家性の強いデザイン論の文脈とでは読み手にとってその近さが異なるように思う。

それは抽象論ではなく、具体的で、より実証的な記述・言説となるものだから、読み手の素直な驚きや得心、半信半疑、疑問などがより近い感覚で読み進みながら発生するのは容易に想像がつく。この読み手の直截な気持ち、感情のうねりに絡まるようにザッピングは躍動したい。

新書の「挿入言」方式は劇画に似ないでもない。無名性と作家性のデザイン論の文脈が異なり、対比的に示される箇所にはザッピングを打ち込んでゆきたい。

「ムムッ」と感じる箇所への喚起である。

ザッピングはいずれにしても主役（筆者）を盛り上げるものでなければならない。

ザッピングは主役の心情・覚悟と呼応し、鼓舞するものでなければならない。

主役が確信的、断言的に発言する場面にはザッピングを打ち込みたい。

ザッピングで主役の背景を感じさせたい。

僭越ながら、ザッピングは当の私が行った。佐藤の息使いを感じながらザッピングを打ち込んだ。ノリとしては「ザッパー」と言うところになる。

この「挿入言」方式はまだまだ不十分なものであるが『大量生産品のデザイン論』とい

うタイトル通り、これまであるようでまったくなかった論考をザッピングと共に本書を楽しくドライブしていただけたらありがたい。そしてなによりも身の回りのデザインのデザイン論から「大量生産品」という生き物を観察《ウオッチング》し、そのデザインの進化ぶりを見つけだすことも楽しいものになろうか。

真壁智治
プロジェクトプランナー。一九四三年生まれ。武蔵野美術大学造形学部建築学科卒業。東京藝術大学大学院美術研究科建築専攻修了。プロジェクトプランニングオフィス「M.T.VISIONS」主宰。主な著書に、シリーズ「くうねるところにすむところ」(インデックスコミュニケーションズ、平凡社)、『アーバン・フロッタージュ』(住まいの図書館出版局)、『カワイイパラダイムデザイン研究』(平凡社)、『ザ・カワイイヴィジョンa、b』(鹿島出版会)、『応答 漂うモダニズム』(左右社)など。

あとがき

佐藤 卓

予備校時代からお世話になっている真壁智治さんから、ある日突然、大量生産品のデザインについて考える機会となる本を作りましょうと相談を受けた。仕事では数々の大量生産品のデザインに関わってきたが、そういえば今までそこに焦点を当てた本は出したことがない。振り返ると、広告代理店を辞めてから、随分と多くの大量生産品のデザインに携わってきた。それぞれの仕事において置かれる環境が全く異なるので、その都度右往左往しながら対応してきた。このような環境が続くと、若い時は誰でも「自分」という意識が強いので、どこに自分らしさがあるのかに悩むことになる。特に美術大学を出ていたりすると、周囲に自己表現にこだわる人が多いため、尚更だ。そして私も例外ではなかった。休日などに、自分の作家性を試すために自宅で絵を描いてみたりもした。しかし仕事を続けていくと、徐々に大量生産品のデザインが面白くなってしまったのだ。それはリアルな社会と密接に繋がっている喜びといっても過言ではない。ギャラリーに展示される作品としてのポスターを制作するのも確かに面白いことではあるが、なにげなくコンビニに置かれる小さな商品というメディアの大きな可能性を探ることに、どんどん引き込まれていった。それは、資源の問題、コストの問題、流通の問題、エネルギー問題、人口問題、ゴミの問題など、環境問題が世界規模で大きな課題になってきたことにも起因する。大量生産品は、このどの課題とも繋がっているからだ。そして、問題解決は言うまでもなく簡単なことではない。大量生産品を否定することは、文明を否定することにも繋がるからである。どんなに理想的な社会像を掲げても、明日世の中が突然良くなるわけではない。そうであれば、現実の社会に入り込んでいって、少しずつ中から、いい方向に向けていくことはできないだろうかと思うようになった。そして、そこに入り込んでいくためには、まずは信用が必要だ。そのためには社会や環境を理解しなければいけない。理解もできていないのに、述べたいことを述べても、誰も聞く耳を持ってくれないからだ。自分はそんな当たり前のことを、ただひたすらやってきたように思う。相手の話を聞いて、分からないことが次々に出てくるので、さらに聞き込んでいくと、どんな話も核心に近づいていくことになる。このことに気づいて、とてつもなく面白くなってしまった。そしてもしかするとデザイナーにとっての未知の領域のように思えてきたのだ。それがゆくゆくデザインの解剖プロジェクトに繋がり、21_21 DESIGN SIGHTに繋がり、テレビ番組「デザインあ」にも繋がっている。つまり、これらは全て日常当たり前にある大量生産品のデザインが入り口だったのだ。今の時代、大量生産の時代はすでに終わって少量多品種の時代とも言われるが、それでも大量生産しなければ日常が成り立たない、あるいはトイレットペーパーのように大量生産でいい物も数多くある。この本を読んで、日常当たり前にある物に少しでも興味を持っていただき、社会のインフラとして機能している大量生産品に想いを馳せて、物を量産する背景には、経済だけではない、文化的側面が大きいこともご理解いただけたらと思う。もう経済と文化を分けて考える時代ではないのだ。

ここで一つ、大量生産品の仕事の責任の大きさをつくづく痛感させられたデザインの現場の話、つまり大失敗の話を、初めて明かしたいと思う。それは清涼飲料水の缶のパッケージデザインの仕事だった。いつものように、正面には企業ロゴやネーミングロゴ、そして美味しそうに感じてもらうためのグラフィックデザインを検討していた。そしてその後、基本デザインはＯＫになり、最終的に版下データを制作していた。缶には正面と裏面にあたる部分がある。裏面には、商品名や原材料名など、法定表記と呼ばれる文字が、決められた大きさの文字で入れなければならないので、指示通り進めた。そして文字校正もクライアントの担当者にしていただき、何度か文字の修正も対応し、最終版下データが出来上がった。しかし、あろうことか実は内容量表記の数字がなぜか一桁多くなってしまっていたのだ。これは信じられないことと言っていい。何度も何度も直して、最終的にクライアントに確認してもらっているはずなので、間違いはないはずだった。そして版下データを入稿し、デザインが生産に回ったのである。そしてその後、最初のロット、つまり最初に生産する分が、全て刷り上がったのだ。ダンボール箱にして何千箱という数である。私は外部の人間なので出来上がった瞬間は知らなかったが、その後クライアント担当者から電話が入った。「裏面の容量の数字が間違っています！」。

私は青ざめた。とんでもないことになったことだけは即座に理解した。そしてまず、どうしてそんなことが起こったのか。スタッフに聞いたが、どの時点でそんなことが起きたのかが分からないと言う。そして最終文字校正も、クライアントにちゃんとしてもらっているはずなのに、いると伝えられた。だが実際に出来上がった商品裏面の数字が明らかに間違っていたのだ。理由は分からないけれども、版下データを制作しているこちらとしては、まずは謝罪に飛んだ。そして、何千箱という商品が破棄されることになると伝えられた。この時、そのクライアントが本来ではありえないくらい優しい対応をしてくれたから助かったが、正式に問題になれば、小さなデザイン事務所などは、跡形もなく消え去っていたと思う。そして、原因の究明をした。分かったことは、コンピューターにより修正箇所を直していたところ、なぜか触れてはいないはずだった所の数字が、知らないうちに一桁多くなっていたようだった。これは今から二〇年ほど前のことなので、コンピューターの使用について、デザイナーの力量の問題があったのかもしれないが、文字校正では、修正指示の箇所しか確認しなかったため、クライアントもこちらも、最終的な段階で時間もない中、修正指示が入らなかったこの部分の間違いに気づけなかった。アナログな版下を制作している頃では、あり得ないことが起こったのだ。この時の経験は一生忘れることはない。分かってはいたが、大量生産品に携わることの責任の重さを、これほど感じたことはなかったのである。この本を制作することにならなければ、こんな恥ずべきことを表に出すこともなかったであろう。ただし、大量生産品に関わるということは、このように大変厳しい環境にあることを、少し知っていただきたいと思い、あえて語らせていただいた。今後も、このようなことがないように精進していきたいと思う。

そして最後に、今回の本については私の語った内容の間に、お読みいただいたように、真壁さんのザッピングが入ることになった。私の語りが相対的に理解されたり、フッと全体的に眺められたり、読むリズムに緩急がついたり、とザッピング効果を私自身も確かに感じることができた。それにザッピングを加えて論の体を整えることができた。

このユニークな提案は、真壁さんによるものだ。このような編集の仕方も経験するのは初めてだった。内容的には、かなり私の仕事を過分に評価していただいての応援・激励と思える箇所もあったが、最終的には真壁さんに全てお任せすることにした。このような機会をいただき、真壁智治さん、そして出版に関わっていただいた全ての方に感謝申し上げます。

企画・構成　真壁智治
編集　今井章博
斎藤夕子

PHP新書
PHP INTERFACE
https://www.php.co.jp/

佐藤　卓［さとう・たく］

グラフィックデザイナー。1979年東京藝術大学デザイン科卒業、1981年同大学院修了、電通を経て、1984年佐藤卓デザイン事務所設立。「ニッカ・ピュアモルト」の商品開発から始まり、「ロッテ　キシリトールガム」「明治おいしい牛乳」等の商品デザインを手掛ける。NHK Eテレ「にほんごであそぼ」「デザインあ」の企画メンバー及びアートディレクション、大量生産品をデザインの視点で解剖する「デザインの解剖」プロジェクトなど、デザインの普及・教育に力を注ぐ。
2017年3月より21_21 DESIGN SIGHT館長も務める。

大量生産品のデザイン論
経済と文化を分けない思考

（PHP新書 1126）

二〇一八年一月五日　第一版第一刷

著者――佐藤　卓
発行者――後藤淳一
発行所――株式会社PHP研究所
東京本部――〒135-8137 江東区豊洲5-6-52
第一制作部 ☎03-3520-9615（編集）
普及部 ☎03-3520-9630（販売）
京都本部――〒601-8411 京都市南区西九条北ノ内町11
組版――芦澤泰偉事務所
装幀者――芦澤泰偉＋児崎雅淑
印刷所
製本所――図書印刷株式会社

ISBN978-4-569-83739-0

PHP新書刊行にあたって

「繁栄を通じて平和と幸福を」(PEACE and HAPPINESS through PROSPERITY)の願いのもと、PHP研究所が創設されて今年で五十周年を迎えます。その歩みは、日本人が先の戦争を乗り越え、並々ならぬ努力を続けて、今日の繁栄を築き上げてきた軌跡に重なります。

しかし、平和で豊かな生活を手にした現在、多くの日本人は、自分が何のために生きているのか、どのように生きていきたいのかを、見失いつつあるように思われます。そして、その間にも、日本国内や世界のみならず地球規模での大きな変化が日々生起し、解決すべき問題となって私たちのもとに押し寄せてきます。

このような時代に人生の確かな価値を見出し、生きる喜びに満ちあふれた社会を実現するために、いま何が求められているのでしょうか。それは、先達が培ってきた知恵を紡ぎ直すこと、その上で自分たち一人一人がおかれた現実と進むべき未来について丹念に考えていくこと以外にはありません。

その営みは、単なる知識に終わらない深い思索へ、そしてよく生きるための哲学への旅でもあります。弊所が創設五十周年を迎えましたのを機に、PHP新書を創刊し、この新たな旅を読者と共に歩んでいきたいと思っています。多くの読者の共感と支援を心よりお願いいたします。

一九九六年十月

PHP研究所